编 委 会

尚实致美

北京八中"教育家精神"学习践行集

北京市第八中学　编

人民出版社

责任编辑：仲　诚　刘松羖

封面设计：王欢欢

版式设计：杜维伟

图书在版编目（CIP）数据

尚实致美 ：北京八中" 教育家精神 "学习践行集 ／
北京市第八中学编 ． -- 北京 ：人民出版社，2024. 9.

ISBN 978 - 7 - 01 - 026807 - 1

I．G63 - 53

中国国家版本馆 CIP 数据核字第 2024MR8693 号

尚实致美：北京八中"教育家精神"学习践行集

SHANGSHIZHIMEI BEIJING BAZHONG JIAOYUJIA JINGSHEN XUEXI JIANXINGJI

北京市第八中学　编

人民出版社 出版发行

（100706　北京市东城区隆福寺街 99 号）

中煤（北京）印务有限公司印刷　新华书店经销

2024 年 9 月第 1 版　2024 年 9 月北京第 1 次印刷

开本：710 毫米 ×1000 毫米 1/16　印张：18.75

字数：255 千字

ISBN 978 - 7 - 01 - 026807 - 1　定价：60.00 元

邮购地址 100706　北京市东城区隆福寺街 99 号

人民东方图书销售中心　电话（010）65250042　65289539

序一 我们为什么需要"教育家精神"?

在历史长河中,教育始终是人类文明进步的灯塔,而教师则是灯塔里的燃灯者。

习近平总书记曾这样阐释"好老师"之于一个人、一所学校和一个民族的重要意义:"一个人遇到好老师是人生的幸运,一个学校拥有好老师是学校的光荣,一个民族源源不断涌现出一批又一批好老师则是民族的希望。"

如何成为一名"好老师",当是每位教师之思。

2023 年教师节前夕,习近平总书记致信全国优秀教师代表,明确提出并深刻阐释了中国特有的教育家精神。教育家精神为教师队伍建设提供了科学的精神指引,也为广大教师成为一名"好老师"指明了路径。

"心有大我、至诚报国的理想信念,言为士则、行为世范的道德情操,启智润心、因材施教的育人智慧,勤学笃行、求是创新的躬耕态度,乐教爱生、甘于奉献的仁爱之心,胸怀天下、以文化人的弘道追求。"以这六个方面为内核的教育家精神是对广大教育工作者精神肖像的凝练概括。

我们为何需要教育家精神?因为它从精神层面凝聚了教师队伍的价值共识,为推动每一位教师、整个教师队伍的前行提供了不竭的动力。它时刻提醒我们,教育是一项崇高而伟大的事业,需要我们用心去耕耘、去付出、去探索、去创新。

师也者,教之以事而喻诸德也。一名好老师既要是经师,更要是人师。实现经师与人师的统一，需要践行教育家精神。

我国有 1000 多万名教师，不可能每个老师都成为教育家，但是教育家的精神要在每一位老师身上都有所体现。在我看来，涵养教育家精神至少要做好五项修炼。

一是要热爱。热爱学生，热爱教育事业。孔子说："仁者爱人"，师爱的最高境界即是仁爱。教育非普通事业，从大处说，它关系到民族的未来、国家的兴衰；从小处说，它关系到一个人的成长、千万个家庭的幸福。所以，要把教师当作一个很重要、很光荣的职业，而非谋生的职业。

二是要锤炼。教师在职业生涯中会遇到很多困难，遇到问题时要会思考，要在不断锤炼中慢慢提升教书育人的专业水平。上好每一节课，教好每一个学生，就是在践行教育家精神。

三是要学习。学习是教师成长的必修课。面对新的挑战，最好的办法就是学习，在实践中学习，向经验丰富的教师学习，向书本学习，还要放下架子，向学生学习，所谓"教学相长"。

四是要创新。创新不是照搬经验，而是要有自己的领悟。我们的孩子每天都不一样，每一年都不一样，每一代都不一样，可以说，教育工作就是一个创新的工作。

最后是收获。学生们的成长，是教师最大的收获。但收获也要修炼，这样才能用收获促进自己更加努力，把教育工作做得更好。

作为一名教育工作者，我深知教育家精神的涵养不可能一蹴而就，没有捷径可走，更不可能简单复制，而是基于时间的沉淀、实践的磨砺、职业的体悟等等，体现在每一位教师个体生命成长的价值追求过程中。

北京八中是我国基础教育领域第一个提出素质教育的学校，有着深厚的历史文化底蕴和卓越的教学成就，更涌现出许多优秀教师，是教育家精神培植与践行的沃土。《尚实致美：北京八中"教育家精神"学习践行集》将八中师生对"教育家精神"的学习与践行凝结成了文字,呈现给读者,为广大教育工作者学习践行教育家精神提供了重要参考和借鉴。

透过一篇篇情真意切的文字,我欣喜地看到,八中全体教职工对教育家精神的深刻理解与认同,看到了一个个"爱的教育"的具体实践。

弘扬教育家精神没有完成时,希望八中的师生们书写出更多精彩的教育家精神故事、中国教育故事。

中国教育学会名誉会长

序二 做好新时代的"大先生"

2023年教师节前夕，习近平总书记致信出席全国优秀教师代表座谈会的各位老师，从六个方面精辟概括了中国特有的教育家精神，即"心有大我、至诚报国的理想信念，言为士则、行为世范的道德情操，启智润心、因材施教的育人智慧，勤学笃行、求是创新的躬耕态度，乐教爱生、甘于奉献的仁爱之心，胸怀天下、以文化人的弘道追求"。勉励广大教师以教育家为榜样，大力弘扬教育家精神。

北京八中，从1921年私立四存中学创建，到1949年与市立"北平八中"合并为"北京市第八中学"；从20世纪80年代率先实施"素质教育"，到以《新时代北京八中学生素质大纲》为指导，全面发展素质教育；从1985年开创超常儿童培养的创新实践，到2020年教育部首批"新课程新教材实施国家级示范校"，再到《北京八中办学品质提升方案》的制定及其实践，我们一直在为创建"北京创新引领、国内示范带动、国际卓有影响"的致美名校而努力！从立校时"尚实学、尚实习、尚实行"的校训，到"着眼于未来、着力于素质"的办学思想，再到新时代"本真致美、立德树人、成就未来"的育人理念，我们一直走在本真育人、致美未来的路上。一代代八中人薪火相传，崇实尚真，知行合一，把八中筑造成基础教育的"高原"，打造出一个又一个教育"高峰"。近年来，我们坚持立德树人这个根本，为党育人、为国育才，以服务中华民族伟大复兴为使命，全体"八中人"孜孜以求，躬耕不辍，居高思远。

新时代、新航程，我们未来应该走向何方？该怎样做？习近平总书记提出的"教育家精神"拨云见日，让我们豁然开朗——心有方向，行有指南。我们当以教育家为榜样，用教育家精神激励和引领我们努力成为德高业精的"大先生"。

"大先生"之大，贵在"明德"。"德者，才之帅也"，小成靠智，大成在德。蔡元培先生曾说"决定孩子一生的不是成绩，而是健全的人格修养"。做"四有好老师""四个引路人"，做到"四个相统一"，是我们教育人的必修之"德"，是从教的精神之烛。八中的教师是在用精神、情感、学识和修养"深度参与学生的成长"，做学生为学、为事、为人的典范。

"大先生"之大，贵在"格物"。格物致知，知责至重，教师"三尺讲台系国运，一生秉烛铸民魂"。正如八中的老教师所言，"我们不是培养昙花一现的高分学生，而是要培养经久耐用的栋梁之材"。"志向高远、素质全面、基础扎实、特长明显"是我们的育人目标，我们要培养学生持续积极的学习能力和科学求是的探究精神，有智慧、有担当、有创造地成就未来。

"大先生"之大，贵在"日新"。"苟日新，日日新，又日新"是万物生之"本"，百事成之"道"。时代呼唤创新，如人工智能这个"数字时代的蒸汽机"的出现，若不以"朝闻道，夕死可矣"的精神学习与更新，我们难免会遭遇"旧船票难登新客船"的尴尬，培育堪当民族复兴大任和引领社会潮流、促进社会升华的时代新人便成为奢谈！

我们学习教育家精神就是要立足于工作实践，追求高品质发展。思想上见贤思齐，行为上精益求精，上好每一节课、做好每一件事。我们开展"教育家精神"学习践行活动，一是把老师们身上浸润着的教育家精神不断升华，二是激励老师们学以致用、高标追求。在此过程中，老师们认真学习领会并写出亲身经历与感悟。文以载道，朴实无华的字里行间，折射出大家仁爱至诚的教育追求；躬身践行的每时每刻，也必将展现出大家奋楫争先的精神风貌。

　　践行"教育家精神"需要时时用"心"，事事见"行"。此书就是由学校党委张晓梅副书记（主持）组建团队（葛小峰、郝琳琳、刘艳、刘嘉扬、张东宇、莫亮、翟莹熙七位老师）雷厉风行地落实集成的，他们满腔热情地投入工作，将老师们写出的一篇篇情真意切的文字汇编成册。我们要让教育家精神在每一位教师的心底生根，让每个孩子心中高尚美好的种子，在未来不断散叶开花，最终结成中华民族伟大复兴的累累硕果。

　　我真诚地向为本书付出心血的朋友，各位编者、作者，还有一直关心支持北京八中的各界人士致以诚挚的感谢，同时向所有无私奉献的教育同仁表示由衷的敬意。让我们在教育的征途上，以文化为舟，以理想为帆，引领莘莘学子走向更加美好的未来。

北京八中校长

目　录

第一篇　心有大我、至诚报国
——三尺讲台连着的是人民的万家灯火、祖国的万里山河

第二篇 言为士则、行为世范

——我们做得怎么样，我们应该怎么做

第三篇 启智润心、因材施教

——优秀在于境界，价值在于成就

第四篇　勤学笃行、求是创新
——八中的素质教育是朴素可行的

第五篇　乐教爱生、甘于奉献

——学生在我心中，我在学生身边

第六篇　胸怀天下、以文化人

——做情怀至重、境界至高、风尚致美、功德致远的教育人

第一篇 心有大我、至诚报国

——三尺讲台连着的是人民的万家灯火、祖国的万里山河心有大我、至诚报国的理想信念是教育家精神的政治灵魂。北京八中的一位青年教师说:"我们的长征路,就在三尺讲台。因为我们知道,这一份平凡的事业的另一头,是人民的万家灯火,是祖国的万里山河。"心有大我,就是爱党爱国爱人民,是个体理想追求与祖国发展需求的高度统一;至诚报国,就是将自己的教育生命,融入到强国建设、民族复兴的伟大实践中去。

八中赋：八音合奏中天钧乐

地承复兴之名，街临长安之望。

集学苑之渊薮，育桃李之芬芳。

存学存性，存人存治，四存精神，文理相长。

勤奋进取，和谐致美，八中训导，教之有方。

楼台隐秀，幽泉流响。纫紫薇之雅韵，沐玉兰之清香。

晴耕雨读，日新晖光。聆课钟之余音，闻书声之琅琅。

吾师恰似吾友，吾校犹如吾乡。启蒙童以学道，诲才俊而知方。

如凛夜之明烛，犹拨雾之日光。教明德以至善，训温恭而俭让。

好清格若白莲，宜亮节似修篁。感恩师之教诲，倾弟子之潘江。

晓天地于籍册，得自然于俯仰。体纤毫于格物，会先贤于典藏。

测万物之变化，究本源之幽光。通古今以为鉴，明义理以自强。

日月逾迈，百年流芳。春风大雅，身润序庠。

邃密群科，藏古今于灵府。克明峻德，擎天地于脊梁。

锦鳞或跃，会时龙翔。鹰隼试翼，扶摇翕张。

星驰俊采，济济一堂。居敬持志，深心铿锵。

丹藕凌波，芰荷振芳。轻舟泛海，御风以航。

习习谷风，化九畹之内美。秉德无私，接星斗之光芒。

十秩韶华，力学志广。为国育才，与有荣光。

为党育人，承梁担纲。经天纬地，济世安邦。

咏其所志，凤翥龙骧。八音合奏，钧乐华章。

为祖国而学习

第一篇章：古人之学

周秦汉唐，先民求知若渴；

千古风霜，华夏源远流长。

冬寒抱冰，夏热握火，那是不可想象的艰苦生活；

他们，为何继晷焚膏，一心向学？

饥寒交迫，江河日下，那是万马齐暗的困难时代；

他们，为何闻鸡起舞，弦歌不辍？

凿壁借光，囊萤映雪，那是举步维艰的清贫岁月；

他们，为何悬梁刺股，韦编三绝？

孔子曰："学而时习之，不亦说乎？"

孟子云："博学而详说之，将以反说约也。"

荀子劝："吾尝终日而思矣，不如须臾之所学也。"

诸葛诫："非学无以广才，非志无以成学。"

为释疑，为解惑，为授业，为传道；

为修身，为齐家，为治国，为天下；

为格物致知，诚意正心，为天下兴亡，匹夫有责；

为天地立心，为生民立命，为往圣继绝学，为万世开太平。

古人学习之态度，何等热忱！

他们虚心好问，敬重师长，虔诚笃信，矢志不渝。

他们勤于思考，善于总结，敢于发问，勇于超越。

他们追求真理，坚持正义，不畏险阻，一往无前。

古人学习之成果，何等辉煌！

他们的智慧，照亮了万古长夜；

他们的言行，感动了万世人心；

他们的精神，激励着无数后学。

不登高山，不知天之高；

不临深溪，不知地之厚。

仰观宇宙之大，

俯察品类之盛，

探索天地奥秘，孜孜不倦，

传承文明智慧，百折不回。

第二篇章：前人之学

当国家在风雨飘摇中挣扎。

当民族在水深火热中动荡。

救亡图存的使命落在每个青年的肩上。

在笃学思辨的教室里。

在振臂高呼的人群里。

在劳碌奔走的街巷里。

发出一句句掷地有声的呐喊。

吾愿吾亲爱之青年，生于青春死于青春，生于少年死于少年也。

进前而勿顾后，背黑暗而向光明，为世界进文明，为人类造幸福。

时代的先锋，吹响驱散旧社会腐朽的号角。

奋进的呐喊，激荡起拯救民族危亡的狂澜。

觉醒年代启民智，时代师者谱新篇。

治平之基砥砺深耕，四存中学应势而立。

存学存性，存人存治，道尚丘轲，学致颜李。

办经世致用之教育，尚实学实习之修养。

朝乾夕惕，学贯中西文理齐。

功不唐捐，会我以文动京城。

琅琅书声，在学堂回荡。

为中华之崛起而读书！

朝阳自东方喷薄，红星将中国照亮，

此时的四存中学与北平八中，有了新的名字——

北京八中！

他始终跟随着行过风雨的红船，

劈波斩浪，奋楫向前。

拳拳赤诚，在心中回响。

时代有我，八中之责！

抗美援朝的集结号愈发嘹亮，

捧着青春的朝气，涌着奔腾的热血。

他们目光炯炯，无畏无惧，

斩钉截铁的话语，响彻耳畔。

我报名加入中国人民志愿军！

短短一天，182 名八中学子报名参军，

先后有五批学生进入军事干校。

身似山河挺脊梁，胸怀千秋懋霄汉！

于时代的惊涛骇浪中。

"北京八中在前进！"

八中人践行着矢志不渝的信仰，

这信仰，是名为中国的光！

冲天的蘑菇云在苍茫的大漠拔地而起。

戈壁的风沙吹散了他的姓与名。

红云冲天照九霄，千钧核力动地摇。

二十年来勇攀后，二代轻舟已过桥。

这是八中校友两弹元勋邓稼先献给祖国山河的壮丽画卷。

这也是一代代八中学子的缩影，

甘愿化作一滴水，汇入新时代的茫茫江流。

流到西北风沙呼号的建设中去！

流到沿海高楼林立的腾飞中去！

流到每一个祖国需要的地方去！

他们用青春，在百废待兴的白纸上起笔。

他们用热忱，一笔一墨绘下山河无恙，锦绣盛世。

他们身怀梅风傲骨，深耕不辍，默默无闻。

他们肩挑千斤重担，开天辟地，振兴中华！

因为，他们有着共同的追求。

为祖国而学习！

第三篇章：我辈之学

师：亲爱的孩子，你看，那先贤书写的史册正缓缓落款。

生：慷慨振奋，是我为这段峥嵘岁月写下的生动注脚。

师：亲爱的孩子，你听，那经青春渲染的乐章正拉响前奏。

生：意气风发，我要为这个伟大时代谱写的最美旋律。

师：我看到，先贤求真的风姿扣响少年的心门。

生：我感到，守望千年的诗意浸润懵懂的心魂。

师：我看到，磅礴浩瀚的雷雨穿越时空的风云。

生：我听到，科技探秘的争鸣吹动梦想的萌芽。

师：我眼见，群芳灿烂的赛场谱绘时代的风采。

生：我向往，携手并肩的奔跑燃起热烈的青春。

师：从琅琅书声，到袅袅歌谣，从奋笔疾书，到浩瀚星河，

　　是你，是你们，在八中的蓝天下绽放璀璨的青春梦。

生：从京西古道，到赛罕林海，从齐鲁大地，到山川湖海，

　　是我，是我们，在祖国的大地上留下耀眼的八中蓝

师：春风得意是你，策马扬鞭是你，勇创佳绩是你，笑靥如花是你。

生：壮志满怀是我，坚毅勇敢是我，学在八中是我，志在家国是我。

师：那一刻，我相信千年滚烫的情怀在绵延，百年求索的赤诚在闪耀。

生：那一刻，我追求千古风流人物与我秉烛，悠悠傲然风骨在我身侧。

师：亲爱的孩子，我愿，我愿将这百年赓续的薪火赠与你，

你看，她在这情真意切的课堂中，在这字字殷切的话语中。

生：亲爱的老师，我愿，我愿将这百年赓续的薪火永传承，

你看，她在这求真求实的探索中，在这凝心聚力的征程中。

师：在八中，点亮一盏心灯，她熊熊如炬，灿灿如辉，

她明媚着你的青春，辉煌着你的年华。

生：在八中，燃起一束花火，她不吝微芒，相拥成炬，

她绚烂着我们的时代，闪耀着我们的中华

师：怀古思今，师者当问，今之八中学子，所学为何？

生：执笔激昂，学生当答，今之八中学子，所学在家国！

师：心怀家国信仰，担当民族重任，栉风沐雨，勇毅前行。

生：谱写青春故事，绘就大美蓝图，风雨不误，开拓新篇。

师：万里长空少年志。

生：霁月光风竞风流。

师：从今起。

师生合：共承此诺，同赴未来！

马　楠　韩晓晗　姜牧云　翟莹熙

赞歌向党

01 【串场 1】

老党员：小张，祝贺你光荣入党！

新党员：谢谢王老师。听了刚才红墙育人先锋的先进事迹，我无比敬佩！作为一名刚刚转正的新党员，我深感自己的不足。我想知道，是什么样的信念和力量在激励着他们在八中不断前行？

老党员：这个问题问得好啊！这样吧，我带你去校史馆走走，在那里也许可以找到你想要的答案。

新党员：那太好啦！

老党员：来来来，小张，你看，这张照片就是咱们八中的前身——私立四存中学！

新党员：我知道，它建立于 1921 年，与中国共产党同一年成立。我还知道，时任民国总统的徐世昌，为学校题词"治平之基"，意为教育乃"修身、齐家、治国、平天下"之基础。

老党员：没错，四存中学的师生，无不厚植家国情怀，高擎民族精神火炬，以"治平"为己任，立志报国救国。你来看这张照片，1921 年，山河动荡，风雨飘摇。一位年轻的老师正在四存中学的院子里发表演说……

02【1921年四存中学教师演讲】

老师们，同学们！这几天，我们看到，各地工人正在用他们的实际行动，打破这个充满压迫的牢笼！

这是个怎样的牢笼？是军阀们争权夺利的牢笼，是枯瘦劳工在饥饿中蹒跚的牢笼，是教育界饱受桎梏的牢笼，是进步青年呐喊而不得解放的牢笼！北平城墙之外，今冬不知还要堆积多少饿殍！

我们不能再沉默！我们该像这些勇敢的工人一样，拿起我们的武器，亮出我们的态度，做出我们的行动！

我们的武器是什么？是知识，是信念，是正确的方向！

那么，我们的方向是什么？李大钊先生说："今后的世界，会变成劳工的世界！"前年五四，我们看到劳工们逆转时局的力量，看到马克思主义深入人心的生长，看到新世界的大门在胜利的呼声中闪闪发光！

就在今年七月，这扇大门被一群志在救国的青年人彻底打开！他们在南方成立了无产阶级政党——中国共产党！他们在黑暗的长夜里点亮第一束光！

老师们，同学们，我们也可以！教育乃"修身、齐家、治国、平天下"之基础，我们新生的四存中学以"尚实学、尚实习、尚实行"为校训，我们的师生以兴国利民为己任，我们也要为中国人民谋幸福，为中华民族谋复兴！

03【串场2】

新党员：这位老师的演讲让人热血沸腾，他的拳拳之心、报国之志，令人叹服敬佩！

老党员：四存中学的大部分师生后来都投身于革命事业中。其实，无论时代如何变迁，爱国报国的激情始终澎湃在我们八中人的心中。30年后，时间跨越到了 1951 年，在抗美援朝运动中，北京八中的师生踊跃参军。当时，符合参军条件的共 392 人，一天就有 182 名同学报名。听党话，跟党走。当时，有一位女教师也瞒着家人报了名……

04【1951 年参军送别】

丈夫：小赵，你知道吗？从去年 10 月到现在，我们已经连续进行了五次战争，把侵略者赶回了三八线附近。这里天寒地冻，枪弹无眼，常常几天都喝不上水，你一个女同志，来了能做什么？

女教师：报纸上说，我方战士伤亡惨重，急需护理人员。没有国，哪有家？学校里孩子们都在商量报名参军，我哪儿还能坐得住呢？

丈夫：你走了，咱爹咱妈谁来管？儿子谁来管？

女教师：我……

母亲（缓缓地）：你……想好啦？

女教师（沉重地、无比愧疚地）：妈……对不起。

母亲（强颜欢笑、温和坚定地）：你可真是我的傻闺女！从小，你就是我们的骄傲。这一次，我们也支持你的选择。

女教师（惊讶地、带着哭腔地）：妈……您……

母亲（慢慢地，试图宽慰开解女儿）：什么都甭说啦！可有一条，大壮才两岁，我们可养不起他一辈子，你啊，踏踏实实去，齐齐整整回来，可不能……（担忧之情再也按捺不住、情绪无法自控地）

女教师（眼泪夺眶而出）：妈……

学生（2—3 人）（急切地、激动地、语气带着天真地）：赵老师！听说您也报名参军了？

女教师（微微惊讶地）：你们怎么知道的？

学生：我们也要报名！

女教师（震惊）：你们也报名?!

学生（坚定热切地）：老师常教育我们，"听党话，跟党走"，要"为祖国而学习"！您不也在课上说——"这是一场立国之战！"

女教师（感动又着急地打断）：可……

学生（继续坚定地、充满热情地）：我们代表着新生共和国的血性，理应筑起捍卫国家的铜墙铁壁，"为祖国而学习"，在党和国家最需要我们的时候，我们怎么能退缩呢?

女教师：说得对！

合：我们决不退缩！

05【串场3】

老党员：抗美援朝的烈火锻炼和教育了全校师生，为此《人民日报》发表了《北京八中在前进》的长篇报道。"八中师生政治热情高"的赞美之辞在社会上广为流传。时代在发展，八中也不断更新为党为国育人的教育理念，在改革中逐步形成了"着眼于未来，着力于素质"的办学宗旨。来看这份资料……

新党员：这是《北京八中学生素质大纲》。

老党员：对，这是上世纪80年代，八中的陶祖伟老校长拟定的。1991年7月1日，做完肿瘤手术才四个月，陶祖伟校长不顾身体的虚弱，坚持来校参加党的70周年生日纪念会，并作了发言……

06【陶祖伟校长讲话】

同志们，教坛生涯近40载，从三尺讲台到管理岗位，我始终把培养社会主义建设者和接班人作为根本任务。搞好一所学校，这比搞好一个工厂，办好一个公司要难得多，社会效益也大得多。

多年来，我在探索和实践中不断追问自己：教育要培养什么样的人？在改革中，答案逐渐清晰。

教育要"着眼于未来，着力于素质"。我们对人才的培养，不仅要适应当前，更要考虑未来社会发展对人才的需要。《学生素质大纲》试行以来，学校面貌为之一新。每逢下午，校园里热闹非凡。学生们畅谈人生与理想，分享选修课、讲座内容，研讨、制作科技模型……我看到他们变得敢想、敢说、敢做，欣喜于他们迸发出的思想火花。每年的艺术节、科技节、体育节上涌现出一批批特长生、特优生。教育就是要在更本质的地方、更深的层面上培养学生，使他们的身体素质和精神素质共同发展。我相信，我们的素质教育一定能谱写更辉煌的篇章！

只要还有一口气，我就会为党和祖国的教育事业倾尽全力、奉献所有！

07【唱响新时代】

新党员：陶校长的讲话太感人了！

老党员：是啊，会后许多青年教师纷纷写了入党申请书。一代一代的八中人砥砺深耕，阔步向前，八中走进了本真致美的新时代！

进入新时代，我们的学校不断提升发展理念，坚持干事创业。近十年来，在王俊成校长的带领下，八中更是一步一个脚印，稳扎稳打、整体提升、全面成就，超常儿童培养教育的创新实践更是进行了系统全面的升华，以势不可当的奋进姿态走出了新高度，书写了新辉煌！

我们的八中，以大视野奠定新格局。王俊成校长与时俱进地明确"本真致美、立德树人、成就未来"的育人理念，主张教育的根本价值和意义是"三个提升"和"两个促进"，即：提升人的生存能力，提升人的生活品位，提升人的生命价值；促进社会发展，促进人类美好。

我们的八中，以大引擎，书写新速度。"三线两全"的学校治理体系、年级主体制管理、广泛导师制、"五维一体两翼"课程体系、五育并举的《新时代北京八中学生素质大纲》、以"生动、生成"为核心的教学文化建设……八中不断创新机制、体制建设，不断激发活力，引领未来。

我们的八中，以大梦想，追逐新未来。全体教职工"合作、合力、合成，成就事业、成就他人、成就自己"，"出优秀学生、出优秀教师、出优秀经验"是我们的办学追求。

新党员：新的时代也带来了新的机遇和挑战。尤其在对拔尖创新人才培养的坚持上，我们面对困难不低头，遇到风浪不转向，风劲帆满海天阔，俯指波涛更从容！

别人都说八中顺势而为，乘势而上，只有我们自己知道，那一张张优异的成绩单上凝结着多少八中奋斗者的心血和汗水！

老党员：是啊，我们八中人，想在一起，站在一起，干在一起！暮鼓晨钟，早出晚归。夜灯下埋头的工作，讲台前无悔的奉献，杏坛里攒动着薪火传道的身影，生命之火为教育事业而燃烧！

新党员：王老师，今天的校史馆参观，让我备受鼓舞。八中的百年，始终与党和国家同心同行、同频共振，始终坚持弦歌不辍、立德树人。这就是我们八中人的精神根脉，这就是我们需要牢牢守住的初心和使命！

王老师，我想我找到答案了。在这里，我以及像我一样的新一代八中党员，（4位老师上台）要赓续八中的精神血脉，续写八中精彩华章！如果能穿越时空，我们想对先辈们说——

教师1：四存中学的师生们，我想把百年后的八中描述给你们。盛世中华，国泰民安；致美八中，欣欣向荣！朵朵繁花，卷卷书香，菁菁校园，美形塑魂。老师敬业乐群，精心锻造栋梁之材；学生全面发展，志存高远向未来！

教师2：我想对抗美援朝中保家卫国的师生说，你们的信仰，就是我们的信仰！今日之青年也和当年的你们一样，强我中华，卫我家邦，愿用青春与热血为实现中国梦保驾护航！

教师3：我想对老校长以及所有为八中的教育事业奋斗过的八中人说，今日之八中，不但依然是素质教育的高地，我们还再创了历史新高！我们有理由相信，未来之八中，定将更加辉煌！

老党员：老师们，百年积淀，对于我们不仅是赠予，更意味着继承和超越。

教师4：接过时代的接力棒，我们亦是每一股力量。坚定理想信念，永葆奋斗精神，承前启后，继往开来——

合：传承光荣，八中有我！

红心向党，强国有我！

为国育优才，为党育新人！

李　萌　翟莹熙　郭亚婧　王　博

精心设计　润物无声

百年名校北京八中培养的是"志向高远、素质全面、基础扎实、特长明显"的青年学子。作为一名八中人，我希望我的学生们都能成为一个人格完善的人，一个精神富有的人，一个具有社会责任感和历史使命感、对社会与国家有用的人。

教育是一种深情的唤醒。作为班主任，我一直对学生开展体验式德育，因为当学生的心灵受到震撼时，德育才是成功与有效的。爱国不是空洞的口号，而是切实的行动。爱国教育也不是空讲大道理，而是于丰富生动的活动中对学生进行潜移默化的影响，激发出学生主动追求的热情。苏霍姆林斯基说："道德，只有当它被学生自己去追求，获得亲自体验的时候，才能真正成为学生的财富。"2023届学生高中三年都在疫情中度过，与以往的学生相比，他们在成长中遇到了更多的困难与挑战。针对这届学生的特殊情况，我多角度、多方面地设计了系列教育主题活动，实现了很好的教育效果。

2021年适逢建党百年，电视剧《觉醒年代》的热播激起了学生们燃烧理想的热情。10月29日是李大钊先生诞辰132周年纪念日，在这个特殊的日子里，我带领学生参观了李大钊故居。守常先生故居中的每一个房间，除了简单必要的陈设，便无其他，十分朴素。参观完毕，同学们感触很深。有同学说："乱世之中，多少人选择明哲保身，甚至为了眼下之利不惜出卖自己的灵魂，而守常先生注定不在这乌合之众中。作为在中国宣传马克思主义的先驱，我能想象到那般艰辛——如同在万古长夜中开天辟地。沉甸甸的使命，曲折的前路，而他坚定不移，一刻也不停止地向前走。他的光一直在路上，从长夜到黎明，遥远地照过来，至今仍在我们头上烁烁地亮着。"

2021年又恰逢八中建校百年，学校组织了很多庆祝活动，我们班承担了一个主题班会任务。想要呈现一次有意义、有价值的班会并不容易。班会筹备之初，在选题方面同学们就遇到了难题。如何能更好地展现八中的历史？如何能将八中的光辉历史和当下联系起来？经过多次交流讨论，我们最终决定以舞台剧的形式呈现八中历史上几个重要的时间点及杰出校友邓稼先的事迹。华夏百年风雨，八中百年征程。同学们从徐世昌总统与齐树楷校长筹办建校之事中感受到了百年八中深厚的历史文化底蕴和学校对于同学们成为"治平之基"的殷切希望。通过杰出校友邓稼先的人生经历，同学们立志在迈入社会之后也如邓稼先先生一样，在自己的岗位上发光发热，成为社会之脊柱，国家之栋梁。通过1951年八中的同学们宣传抗美援朝的活报剧，学生们感受到爱国情怀深植于每一个八中人的心中。他们说，"四存中学的建校，是那样的振奋人心；邓稼先毅然决然，舍小家为国家的精神是那样的让人肃然起敬；抗美援朝时期，八中学子的呐喊是那样的充满爱国热情……台上的每一幕，都足够让人动容。""这次活动对我的最大意义，就是让我重新去认识历史，更好地展望未来，明白该做什么样的人，该成为社会上的哪一类人。""百年前的八中，生于风雨飘摇之际，在战火中培育出服务国家的英才；百年后的八中，立于国家富强之时，将一个又一个青年学子送向世界，造福人民。我们正是两个'八中'之间的纽带。""班会的主题——八中，八中——前一个'八中'是历史，后一个'八中'是未来。我们有信心大步向前走。"

2021年12月29日我们举办了"纪念鲁迅先生诞辰140周年、纪念左联五烈士牺牲90周年——高二9班新团员发展会、宣誓会暨主题班会"活动。在庄重肃穆的音乐声中，同学们一起声情并茂地诵读鲁迅先生的作品，我则朗诵了殷夫的《我们是青年的布尔塞维克》。大家通过朗诵让那些未曾淡褪的文字重新鲜活有力起来，用珍重将绯红的血色染成前路的朝霞。有学生说："在我们能为建设祖国贡献一份力量的时候，不能以等候炬火为由而逃避，也不能因力量太小而退缩，而要敢于承担责任，主动积极，尽己所能地发光发热，为国家献出自己的力量，如此才是对革命先辈们精神最生动的传承和发扬。"

2023 届学生已经进入人生新阶段。当他们明确人生方向，选定人生道路时；当他们努力拼搏，不断追求时；当他们主动承担院校任务时；当他们以高中经历激励自己克服困难时……我知道我已经给学生种下了一粒粒种子，未来定会看到万涓成水、幼苗成林。

孙新鸣

八中老师　党员同志

各位领导，各位同志：

大家好，我是来自高中第六支部的张东宇。

今天，我想跟大家分享一个发生在我们身边的真实的故事。2021届有一个女生，身世非常不幸。6岁那年，她的生母病逝。她跟着父亲背井离乡，从吉林来到北京。2018年，她以名额分配的方式入学北京八中。2020年，她家里又横遭变故，欠下了巨额外债，房子车子都被抵押，她的父亲不堪压力，服毒自杀未遂又离家出走。这名学生，一个17岁的女孩自此流离失所，眨眼之间失去了来自家庭的一切。

家庭破碎了，但她的老师，站了出来。有的老师把她接到家里，为她提供吃穿用度，一住就是半年。有的老师每月为她提供1000元生活费，怕她有压力，从始至终都是匿名捐助。有的老师多少次在她濒临崩溃的时候，与她彻夜长谈，支撑她走过一整个高三。她的老师用温和又坚定的爱，拧成了一股绳，硬生生把一个悬崖边的小孩拉了回来。这份爱从哪来？我想，是来自人性，来自党性，来自为人师者的深情。

这些老师此时此刻就戴着党徽，坐在我们身边。请原谅我不能说出他们的名字，因为这已超出了他们的本意。我想如果是您，您也会这么做。我想这样的一群人，应该有一个共同的名字，那就是：八中老师，党员同志。

我也常常想，教师和党员这两种身份，加之于普通人身上，会塑造出怎样的群体性格。没错，和平年代的共产党员，平凡岗位上的一线教师，似乎距离抛洒热血、力挽狂澜的事业很远很远。可一个又一个身边的故事，却如同涓滴入海，告诉我们平凡的事业有不凡的价值与尊严！

党的宗旨是为人民服务，习近平总书记多次强调以人为本、人民至上。而教师工作的特别之处在于，我们的工作对象是人，并且是孩童，是青年人，是羽翼将张而未张，是前途未展又连接着无限远方的人。亲爱的同事们，我们每日操劳的一切，就是在雕刻着祖国未来的灵魂。

一代人有一代人的长征。我们的长征路，就在三尺讲台，就在办公桌前，就在一次又一次与学生促膝长谈的话语中。因为我们知道，这份平凡事业的另一头，是人民的万家灯火，是祖国的万里山河。

2021届的那位姑娘，高考后没有家人帮助她报志愿，于是她的老师，又充当了家人的角色。我们问她想学什么专业，她不假思索地说，她要去学师范，她想做一名老师。前不久，这个首都师范大学文学院的女孩打电话告诉我，她递交了入党申请书。她期待着，像她的老师年轻时一样，光荣地戴着党徽，站在党旗下宣誓。

"我志愿加入中国共产党，为党的事业奋斗终生。"

张东宇

"政"海泛舟 "治"身家国

　　杏坛树人毕生愿，桃李不言自成蹊。从教二十余年，"心有大我、至诚报国"的理想信念一直在指引着我立足三尺讲台，踏实工作，精心从教，努力从生活中寻找灵感，激发学生的学习兴趣，积极探寻高效的课堂教学模式，力求使政治课堂教学接地气，教育引导学生厚植家国情怀。

　　课堂融入名人典故。教学中我将学生领入中华五千年的"时空隧道"，让他们感知、发现家国情怀。比如，在讲述弘扬和培育民族精神的相关内容时，我引入明末清初思想家顾炎武的"天下兴亡，匹夫有责"等名言警句、民族英雄郑成功收复台湾等经典史实，进行深层挖掘，诠释家国情怀，让学生深刻体会流淌在历史长河中鲜活的"苟利国家生死以，岂因祸福避趋之"的爱国主义情感。面对国家积贫积弱，无数志士仁人苦苦探求民族振兴之路，文艺作品中那些激荡着家国情怀的呐喊和抗争，激发起全体中国人众志成城、保家卫国、艰苦奋斗的伟大力量。无论是郭沫若"我常常思念我的故乡，我为我心爱的人儿燃到了这般模样"的如泣如诉，还是艾青"为什么我的眼里常含泪水？因为我对这土地爱得深沉"的真挚眷恋，无不是中华民族优秀分子为实现强国富民梦想而发出的最深沉呼唤。这些无不激励着学生对家国情怀的认同自觉，升华了学生家国情怀的核心情感，在潜移默化中让学生探寻到家国情怀的所在。

　　课堂融入时政热点。"生活即教育，教育即生活"是我国著名教育学家陶行知先生提倡的教育思想，因此让学生在生活中主动地快乐学习是学生学习的最宜状态。时政热点是政治课重要的教学资源之一，具有时效性、涉及范围广、内容丰富等特点，紧跟时代潮流，聚焦社会热点，能够满足学生的好奇心和精神需求。我们在政治课前开展"三分钟时政论坛"活动，"农村医保改革'青'之见""把人民军队建设成世界一流军队——从国防科大70年校庆看国防军队建设""在亚运会中回望来时路，在新时代里做好新青年""通学车之我见""我眼中的国潮热""民营经济既'根正苗红'又'枝繁叶茂'"等主题深受学生喜欢。巴以冲突、APEC会议等，契合学生关注的焦点，为学生正确了解国际社会打开了一个窗口，让学生从认识国际纷争到珍惜我国的和平与发展，激发学生的爱国情怀和责任意识，培育学生的家国情怀。

课堂融入红色文化。家国情怀的培育需要学生从心出发，用心感受，潜心培养。我们在教学中充分贴近学生的生活实际，寻找学生所在地域蕴含的红色文化资源。比如，我在讲《文化创新》时，先让学生现场调查八中有哪些丰富多彩的校园文化和传统活动，之后与大家分享由八中老校长陶祖伟作词、音乐老师李存作曲的《北京八中校歌》，歌词充分体现了中华传统文化的深厚底蕴，而且陶校长在20世纪80年代就提出了"素质教育"这一理念，现在的"艺术节、科技节、心育节等"都是从那时延续下来的。正是在陶校长的鼓舞下，一届一届的八中毕业生在校歌声中走出校园，走进大学，走进社会，走向世界；成百上千名八中学子以顽强的意志克服学习中的重重困难，最终以优异的成绩回报母校、回报社会。李林琢就是其中的一位，2003年他为母校设计制作的大型现代雕塑《理想之帆》，至今还矗立在八中校园中。教学中，我们充分利用校内资源，寻找学校蕴含的红色文化资源，让学生在经典校园文化的熏陶下感受中华优秀传统文化的魅力，增强学生对中华民族的自豪感和责任感，为中华民族的伟大复兴献出一份力量。

课堂融入实践力行。纸上得来终觉浅，绝知此事要躬行。新时代高中思想政治课培育学生家国情怀的路径不应局限于高中思想政治课的课堂，还应丰富培育学生家国情怀的活动、渠道和场所，因此我们尝试拓宽多主体的实践渠道，开展了"行走的思想政治课"。比如，每年"五一"劳动节期间，政治组在年级开展主题为"以劳动教育赋能，育时代新人"的"今天我当家"活动，期望学生尽可能多地了解家庭消费的相关内容，主动采取健康、经济的生活方式，在劳动体验中，收获劳动的快乐，理解父母的辛劳，学会关心身边的人。每年"一二·九"前期，我们与首都师范大学联合开展"一二·九"系列体验活动，沿着红色记忆，用脚步追寻革命前辈的足迹，激发学生们对中国革命历史的认同感与爱国主义精神，培养担当民族复兴大任的时代新人。我们带领学生参观抗日战争纪念馆后，学生吴桐澍感言道："学英烈事迹，诵抗战经典，做红色传人。寒风凛冽，但我们怀着一颗赤诚的心，踏上了回忆历史、访先辈足迹的路程。此次走进抗日战争纪念馆，我们在一首首动人的歌曲和他们的创作历程中，感受到了中国共产党是历史的选择，也是人民的选择。我们要厚植家国情怀，铸就青年担当，挺直中华民族屹立在世界的脊梁，为实现中华民族伟大复兴的中国梦努力奋斗！"

作为新时代的思想政治教师，要心系国家发展，情系民族命运，把握正确的育人方向，做好学生全面发展的引路人。"心有大我、至诚报国"的理想信念也将进一步指引着我在未来的教育教学实践中，继续坚持以立德树人为根本，以厚植学生的家国情怀为己任，为教育改革不断地学习、探索、实践、耕耘，"政"海泛舟，"治"身家国。

李　敏

发挥学校教育牵动引领作用
为培养社会良才提供助力

对未成年人的教育工作是全社会共同的责任，其中学校教育是目标明确、可考查、可量化的，而社会教育是无形的、不可控的，家庭作为社会的最小单元，其教育受到社会教育、学校教育的双重影响。

围绕在校学生的教育，学校教育对家庭教育处于牵动、指导地位，对社会教育处于承接过滤地位，因此，三者间的良性关系应当是学校教育与家庭教育、社会教育互相配合，良好互动，共同响应社会发展的大势，抵御各种不良思潮、习气的侵蚀，培养出有益于社会的人才。作为学校教育的执行者——教师，就应当正确认识自身定位，秉持"三尺讲台连着万家灯火、万里河山"的理念，在培德、守规、学养三个方面发力，为培养社会良才贡献力量。

培德为先，培养社会家庭有用之才

什么样的人才才是对社会的有用之才？对于这个问题，先贤早已给出明确的答案，那就是"德才兼备、以德为先"。育人的根本在于立德，立德为先，修身为本，这是人才成长的根本逻辑。

在百年未有之大变局的当下，学生们活跃的思想，乐于接受新鲜事物的状态，与社会上种种似是而非、泥沙俱下的思潮叠加，使得培养学生正确的世界观、人生观、价值观，树立成为中国式现代化建设者的理想尤为迫切。对此，2026届年级团队确定了"夯实学校根基，强化家校配合，共同筑牢思想堤坝"的工作思路。在学校方面，注重发挥学校教育集中化、系统化、持续性的优势，强调每一位教师从教与育两方面入手，在教学中，各科教师要结合本学科特点，将中华传统文化、新时代发展成就与教学内容有机结合，力争在学习知识的同时培养学生的文化自信，种下爱党爱国的思想种子；在日常管理中，首先强调所有教师对习近平中国特色社会主义思想的学习，确保教师在思想上筑牢抵御不良思潮的堤防，同时要将学习成果融入日常言行中，以自身的率先垂范，在年级中营造讲政治、讲大局的良好氛围，用良好的氛围实现对学生潜移默化的引导，帮助学生树立正确的理想信念。

当然，我们也认识到，学校教育不是万能的，培养学生正确的思想离不开家长的配合。所以，我们一方面通过家长会、家委会、家长微信群等平台，实时推送年级工作，并在第一时间对家长的疑问进行答疑解惑，通过构建起家校之间相互理解、相互信任的无障碍沟通渠道，为家校配合奠定坚实的基础。2023年，年级拟在每晚六点至七点半开设晚自习，引起很多家长的不理解，各种猜测、怨言甚至投诉纷至沓来。对此，年级既没有针尖对麦芒也没有推诿回避，而是在第一时间全面收集家长们的意见，随后召开家长座谈会，会上围绕"让学生得到更好的发展"的中心主题对年级开设晚自习的初衷进行了充分、科学、客观的阐述，同时对家长们质疑的每一个问题逐一进行回复。年级主动向前，在会前草拟了致家长的一封信，于会上发到每一位家长的手中，就此不但以座谈会的形式与家长进行了思想的交流，而且把我们的想法与诚意具象地交到家长手中，供学生家长对照监督。事后证明，我们的诚意和理由都得到了家长们的一致认可与尊重。另一方面年级要求所有教师在与家长沟通时，均要将反馈学生的思想状态作为一项必要环节，必要时对于学生较为极端的思想要在发现后第一时间与家长取得联系，确保家长能够及时掌握学生的思想动态，通过家庭教育配合学校，为学生的成长道路扫除荆棘。

守规为本，培养社会家庭能用之才

遵规守纪既是保证社会良好运转的基础，也是社会个体融入社会生活的基本要求，如若不能良好地融入社会，即便是良才、大才，也不免因不为社会所接受而沦落成为独行者。如此，既是对社会资源的浪费，也为家庭增加不尽的烦恼。

在即将迈入成人门槛的关键时期，培养学生讲纪律、有规矩的意识，学会让他们寻找自身个性与社会生活的最大契合点是高中教育的应有之义。2026届年级团队认为在校期间学生通常充当被管理的角色，而正处于青春期的孩子们反权威、讲自我又是一个正常的心理反应，如果让每一个学生亲自参与到年级的管理工作之中，通过角色的转变让他们自己去熟悉体会各项管理的必要性，进而发现同学中普遍存在的不足和问题，不失为让孩子们体会到遵规守纪必要性的良好举措。为此，我们进行了学生自管会的尝试，希望学生在自管会的运作中，将他人的要求变为学生们的自我管理；将被动接受变为主动输出，从而让学生在自我历练、自觉感悟中自然提高。学生自管会由策划、宣传、保障三个小组构成，在教师的指导下开展"自我管理、自我教育、自我服务"。在 2023 年，自管会策划运作的"青春跃动，轻羽飞扬"年级师生 & 亲子羽毛球赛中，各小组发挥主观能动性，既分工又协作，确保各项工作有条不紊。其间，策划组积极协调各方，解决了补足比赛用品、安排被隔离参赛选手赛程等突发情况，宣传组完成了分阶段美工设计和海报制作，保障组以微信群方式及时传达信息，扩大了团队弹性成员规模，发动志愿者投入赛事服务。在为期两周半的赛事中，自管会累计组织 36 场比赛，邀请 18 位家长志愿者参加，动员

36 名学生志愿者提供了总计 96 小时的志愿服务。在第一学期中，自管会还配合年级，以军训、田径运动会、各学科实践活动等为主题，发布"有声有色"的官方公众号 20 篇；聚焦志愿服务组建"2026 届自管会志愿服务队"为同学们提供服务……不一而足。孩子们在自管会这个平台上，既展示了八中学子的团队协作能力，也增强了凝聚力、影响力。我们惊喜地看到，只要给孩子们一个舞台，他们会交给你一部华彩乐章。

学养双修，培养社会家庭可造之才

党的二十大以来，我国正在进入中国式现代化建设的快行道，中国式现代化的建设者应当是学问和修养双修、专业与爱兼顾的多面手。为此，2026 届年级团队将培养学生"敏于求知、勤于学习、敢于创新、勇于实践"作为教学实践的目标与方向，在稳步推进教学任务的同时高度重视对学生们兴趣爱好的培养，既深耕学习的深度，也拓展学习的广度。

半年来，我们坚持课上课下有机互动，生物学科细胞制作、政治学科《今日我当家》、语文学科"家乡文化"为主题的活动、英语学科书法比赛、物理学科平衡鸟的制作以及力学实践的拔河比赛；请来牛津大学的教授，现任英国化学奥林匹克国家队教练给参加化学竞赛的同学们作讲座；组织科技爱好俱乐部的同学参加"北京农林院"社会实践；为选考地理、历史的同学组织周口店猿人遗址和石花洞及国家博物馆的社会实践活动……通过上述活动的开展，为学生在课内外、校内外搭建广阔的个性发展平台，有力地推动课外活动与研究性学习课、综合实践活动课交相融合。

李　娜

航天报国　一路同行

　　走进校门，最先映入眼帘的除了"北京八中"四个大字，就是郭沫若先生题写的"为祖国而学习"。这几个字不仅鼓舞着同学们不忘初心，为祖国而学习，同时也激励着全体教师坚持为党育人、为国育才，在点点滴滴的教育教学活动中，引导学生树立远大志向，让其心中有家国，奋斗有方向。

　　谁说"'00后'没有梦想，都是精致的利己主义者"？在我的学生中，就有一名胸怀"航天报国梦"的同学。该同学在第一次自我介绍时就明确表达了对物理的热爱以及他的航天梦。航天领域的每一次重大进展，每一次发射，都会被他记录在自己的朋友圈，对技术上的进步也能如数家珍。高一阶段，他参加了物理竞赛班，经常和老师探讨物理问题，课本中与航天相关的章节更是信手拈来。老师们都被他对于物理学科以及航天领域的热情深深打动。高一暑假年级布置了社会实践作业——采访职业人。不出所料，这位同学采访的职业人，正是一位航天工作者。他的采访报告，不仅包括了航天工作者的日常，还有他们面临的压力和挑战、成就与荣光。并且，他还具体问到，如何才能成为一名真正的航天工作者，比如高中阶段可以做哪些准备，对大学和专业的要求等。看完同学们的采访报告，我欣喜地发现，在这位同学的带动下，以及受到家庭影响，班里有一批同学对航空航天专业产生了浓厚的兴趣。基于同学们此次的社会实践作业，我们组织了系列班会活动进行分享，其中一期的主题定为"航天报国梦"，请写到相关主题的同学介绍他们了解到的航空航天专业，而他们的分享又让更多的同学对祖国的航天事业产生了浓厚的兴趣。

看到同学们在这方面的志向和热情，作为班主任老师的我也被深深地感染，希望能在这方面给同学们更多的助力和引导。和家委会沟通之后，我发现班里多位同学的家长在从事相关方面的研究和工作，于是我们发动家长做了一次主题为"星空引路人"的讲座。主讲人回顾了自己从大学求学到走上工作岗位，从基层工作到高级研发的心路历程，同时向同学们介绍了当前我国航空工业发展的现状，表达了对下一代的希冀和信心。

在社会实践活动中，班级也会有意识地安排航空航天相关的主题。我班曾前往山西省进行社会实践活动，当得知行程中包括太原卫星发射中心时，同学们激动万分，因为能够参观卫星发射场，切身体验现场的魅力，机会难得。在参观学习的过程中，同学们向讲解员提出了很多高质量的问题。虽然听不懂，但我的内心非常欣慰，替同学们高兴，因为我看到了他们眼里的光。

高二下学期，年级提供了外出一天的社会实践机会。三条线路当中，我班同学毫不犹豫地选择了到北京航空航天大学参观。对此，我没有丝毫的意外。以同学们对于航空航天专业的热情，把北航作为目标院校是顺理成章的事情。参观过程中，在同学们最感兴趣的航空博物馆，看着一架架飞机和航天器，同学们的激动溢于言表。在后来的活动总结中，很多同学表达了对北航的向往。

进入高三，同学们把对航空航天事业的热情投入到紧张的复习备考中。高三的学习任务是繁重的，但只要心中有理想，便不再畏惧眼前的困难。作为老师，我相信同学们一定可以实现梦想，为祖国的航天事业添砖加瓦。同时我也是幸运的，同学们的航天梦，激发了老师的报国情怀。在陪伴同学们追逐理想的过程中，老师也看到自己工作的价值，感受到了为国育才的豪情。

白雪梅

一颗红星点亮满天星河

走进初二历史组，映入眼帘的就是"踔厉奋发"这四个字。初中历史教研组长刘天明老师每年都会在办公室写一幅字，勉励全组老师。与初一"读史明智"、初三"学史崇德"不同，初二的"踔厉奋发"不仅仅是鼓励老师们笃行不怠，扎扎实实做好各项工作，更是体现了初二历史教学的内容——近现代史承载着党的理论与实践探索，不懈奋斗与建设的历程，反映了中国人民的政治选择和中华民族的复兴之路。因此，初二历史备课组以研促学，丰富课堂内容，扩展作业形式，在日常教学中不断渗透"四史"教育，提升学生的国家认同感和自豪感，用自己的一颗红星点亮学生的满天星河。

做合格的红星

为党育人，是老教师千叮万嘱的薪火相传；

为国育才，是老师们千删万改的精益求精。

"要牢记为党育人、为国育才的初心使命。这是学生第一次系统地学习近现代史，一定要准确、生动、深刻。"初二以来，每次备课组会组长刘天明老师都会这样嘱咐。初二历史，是初中三年中最难的，既要准确无误地讲述中国人民谋求民族独立、人民解放的艰辛历程，又要通过课堂培养学生正确的家国情怀。这就要求老师对史实把握准确，课堂材料讲述生动，培养语言富有感染力。"如何将初二的历史课上好"成了备课组共同面对的问题。

打铁还需自身硬，生动的课堂离不开教师的学识积累。为了更好地学习研究近现代史的相关内容，备课组以莫亮老师《基于历史学科初高中衔接的"四史"教育策略与实践研究》的北京市课题为依托，梳理初高中历史教科书中"四史"相关内容，一方面明确"四史"的核心思想与核心概念，建立整个中学阶段关于"四史"的历史学科内容体系，关注"四史"的历史属性，彰显不同于其他学科的学科属性。另一方面，对比初高中相关史实的异同，进而辨析初中和高中学段"四史"教育在历史课堂中的出发点、侧重点和生长点。这些研究使老师们不仅对"四史"有了更为深入的学习和认识，丰富了历史学科知识，而且提高了自己的思想政治觉悟，更加明确了要培养什么样的人。

虽然每周只有两节历史课，但每周五天历史组的老师都在备课。每个老师的风格不同，所用的材料不同，讲述的方式也不同，这就导致历史组每天都在互改课件，互相学习。为了搜集丰富生动的材料，老师们利用假期参观了北大红楼、上海中共一大会址等；为了展示五四运动的影响力，老师们在一张地图上插了一百多面小红旗；为了一个问题链，老师们吵得难解难分……办公室的灯火独明为的是课堂的阳光灿烂。

点亮满天星星

大胆假设，小心求证，是史学的治学思想；

设计生动，讲述准确，是历史课堂的追求。

初中阶段的历史教学强调历史细节的放大，以增强"四史"教育的亲和力、感染力和说服力，不断深化滋养学生的爱国情感。

为让课程更加生动，历史组老师利用假期时间参观各种展览，为了一则史料可以奔赴千里，同时也关注身边资源，挖掘身边故事，真实生动地呈现重要事件。在《五四运动》一课中，孙萌老师从北京五四大街的北大红楼出发，用五四大街的街头雕塑串联起五四运动的背景、过程、影响和历史意义，再现五四运动的历史场景，让学生感受到五四运动中那些心怀天下、不畏强权的学生也是和他们年龄相仿的北京学生，因此当下他们也应该有这样的责任与担当。同时，融合北京城内的故居遗迹，讲述北京的五四故事，让学生可以从身边了解历史，感受历史就在身边。课后，深受启发的学生在作业中写下了"百年风雨，遗迹仍在，精神不灭"的感悟。

为了让课程更加生动，初中历史组要在浩如烟海的史料、专著、论文中找到最合适的材料。《为实现中国梦而努力奋斗》一课是历史课的难题，设计不好不仅会变成政治课，还容易假大空。如何让这一刻有历史感？刘璐老师翻阅大量民国的报纸杂志，决定从1932年上海《东方杂志》的"新年的梦想"征稿活动着手。课堂开始，刘老师让学生写下自己的梦想，学生大多围绕自身职业和生活展开。之后，全课以90年前后的"中国梦"贯穿，讲述了从90年前中国满目疮痍、民族衰弱、人民困苦，到经过中国共产党的百年奋斗，中华民族实现了从站起来、富起来到强起来的伟大飞跃，中华民族伟大复兴的"中国梦"进入了不可逆转的历史进程，展现了昔梦今圆。由此，学生深刻认识到，中国共产党的领导是"中国梦"不断实现的主要原因。最后，再让学生写下自己的"中国梦"，通过学习很多学生将自己的梦想与国家未来、人类命运相结合，进一步深化了家国情怀。

静看群星闪耀

为了让学生更好地了解党的奋斗历程，更好地体会历史与生活的关系，备课组设计了"方寸之间，洞见时代变迁——探寻票证背后的时代记忆"的实践类作业。学生通过寻找家中的老票证，观察票证上的元素（文字或图案），查找资料，探究这些元素传达了哪些历史信息，探寻票证背后所反映的历史变迁。

之后，有的学生通过采访长辈、查询资料等方式，进行口述史撰写，了解票证背后的历史故事。有的学生通过搜集家里的月票，了解了北京地铁月票从最初发行到退出历史舞台的全部发展历程，感受到这一历程所反映出的中国城市轨道交通发展历史，还通过了解月票的来源，了解到妈妈成长的"小历史"。有的同学通过采访奶奶，了解供销社中最紧张的商品有哪些，供销社的工作为什么受人羡慕，供销社改革浪潮中奶奶的抉择，承包柜台后爷爷奶奶的工作变化等。从身边的故事，学生感受到随着时代发展物质生活日益丰富、国家日益强大。

最后，让学生在了解票证样式、功能的基础上，选取能够反映新时代中国历史面貌的元素，发挥想象力和创造力，设计一件票证，培养学生的创造性思维，引导学生学习历史、认识当下、创造未来，进一步涵养学生家国情怀。

孙　萌

须识天地大　亦怜草木青

各位老师，各位同学：

大家好！

很荣幸有这个机会，以师长的身份和大家分享对"优秀"的认识。主持人说优秀是坚守、是奋斗、是追求，是一种勤奋进取、昂扬向上的姿态；被表彰的同学们在学业成就、个人特长、社会参与等方面也有极其亮眼的表现，充分展现了八中学生丰富多样又生机勃勃的面貌。我深受感染，边听边想我有幸教过的八中学生，他们也个个出色，我欣喜于他们的成绩、骄傲于他们的成就。不过印象深刻的似乎还是15年前2008届的一个学生。

她甚至都不是我自己班的学生，记得那届临近高考的某个晚上，年级组长栾淑英老师来找我，说："小郝，我们班有个女孩子，住的离你家很近，家里困难，她一直自己上下学，现在是关键阶段，下晚自习后她再骑自行车回家太累了，就这几天，你下班回家时带上她成不？"我欣然应允。两三天后，栾老师又找我说，这孩子还是想自己回家，因为"怕还不起这份人情"。学生这么懂事，真有些出乎意料，从此我不由自主地关注她，当时还是考前报志愿，她最终报的是北京建筑大学（那时还叫"建工学院"）。问她理由，她说，因为学建筑的目标明确，报更高水平的学校建筑系希望不大，该志愿既是自己的理想，又符合自己的学习成绩。她的高考考场在实验中学，刚好我也在那儿送考，考试那几天总能看见她自己骑车来去的身影，并不像其他学生那样有"亲友团"接送。

我想，这位同学的表现最能说明什么是"优秀"——自尊、自主、自强，面对不尽如人意的环境能够处之泰然；有客观的自我认识，有明确的奋斗目标，冷静理智又充满温暖热情。这是一种内在的健全人格，也就是摆脱了单纯生物欲望以及低级趣味而获得审美、理性、品格、道德等内在精神元素的人。而15年后，健全人格在继续保有精神元素的基础上，有了新的含义：在科学技术飞速发展的当下，人区别于机器，超越了单纯工具属性，具有智慧性、情感性和创造性。

所以，评价一个人，无论是自我评价还是外界评价，需要两种目光：纵向的目光和横向的目光。前者指个人发展状态，后者指个人在群体中的状态。今天表彰的同学们就是八中学生群体中的佼佼者。但是，这还远远不够，对青年学生来说，我们还应思考："群体"的含义到底是什么，仅仅指身处学校的这个小环境吗？其实，在我们天天去食堂的路上，就能找到答案——那块刻着"为祖国而学习"的石头。"为祖国而学习"是郭沫若于1951年赠予八中学生的题字，它告诉我们，真正的优秀应该是胸怀家国，放眼天下，不汲汲于小我，不耽耽于名利。

《孟子·离娄》篇说，"天下之本在国，国之本在家，家之本在身"；《大学》中亦有"古之欲明明德于天下者，先治其国；欲治其国者，先齐其家；欲齐其家者，先修其身"的论述。在中国传统文化中，国家、社会、家庭和个人已经串连成一个密不可分的整体。这种被称为"家国情怀"的情感，奠定了国人修身、齐家、治国、平天下的道德理想和行为准则。中国数千年历史，无数英雄志士就是在这种情怀的熏陶和指引下，怀抱着保家卫国、济世安民的理想上下求索，慷慨以赴，从容适变。

我们尚不用述古，只看近百年来的光辉。1933年，29岁的郑大章获得法国国家理化博士学位后，拒绝了导师居里夫人的挽留，回国筹建镭学研究所，筚路蓝缕，成为"中国放射化学的奠基人"；1950 年，26 岁的旅美物理学博士朱光亚归心似箭，他在《给旅美同学的一封公开信》中写道："让我们回去，把我们的血汗洒在祖国的土地上，灌溉出灿烂的花朵"；国家最高科学技术奖获得者王泽山院士，大学时选择了当时最冷门的专业——火炸药，后来有人问他为何不选一个热门研究，他回答："专业无所谓冷热，国家需要的，就要有人去做"；还有年轻的汪量子，她 19 岁本科毕业，24 岁博士毕业，32 岁成为当年中核集团最年轻的研究员级工程师，华龙一号、玲龙一号这些核能领域的国之重器，都有她的贡献……这是祖辈、父辈、我辈的荣光。

随着时代发展、科技进步、经济发展、文化繁荣，祖国建设的成就更呈现在我们眼前，深印在我们心中。"2020 年 6 月 23 日，北斗三号的最后一颗卫星成功发射，标志着我国自主建设、独立运行的北斗卫星导航系统完成全球组网部署。整个系统由 55 颗卫星构成，每一颗都有自己的功用，它们共同织成一张'天网'，可服务全球。"这是大家都熟悉的高考作文题目，可你知道北斗系统研发的背景吗？ 1993 年，中国银河号货轮遭美方质疑运有违禁化学品，美方关闭了所在海域 GPS 信号，货轮无奈在印度洋上漂流了 33 天。第二年，中国启动北斗一号系统建设，并提出阶段性目标：2000 年底，建成北斗一号系统，向中国提供服务；2012 年底，建成北斗二号系统，向亚太地区提供服务；2020 年，建成北斗三号系统，向全球提供服务。现在，纸上宏图已成为现实。我们不仅问鼎苍穹，还跨山越海，实现"中国跨度"。山东荣成"国和一号"示范工程开启了能源发展新模式；C919 大型客机的研发、试飞成功是中国制造迈向高端，新型举国体制优势凸显的体现。央视新闻出品的《振山河》中有这样的歌词："一穷二白创奇迹，我自己就是先例，任凭着荆棘遍地埋头努力从不看所谓天意"，"走改革之路，迈开放之步，精准到户的扶助一步步从贫苦到富足，登上最高的山，修成最远的路……"祖国建设的伟大成就，怎能不激发我们的自豪感和奋斗的热情？

我们还应看到普通人的命运。郑州亮亮丽君小夫妻用血汗钱买房，融创暴雷化为乌有；拼多多上 35 元一件的羽绒服，保暖效果可想而知，却居然有 1.1 万件的销量，在商品的评价区，清一色的全是好评；抖音上一个网红主播，专门拍摄河南农村老人的生活，他们衣着破旧，满脸皱纹，月均生活费二三百元……生活成本，或者说，活着的成本低到了想象不到的地步。与此同时，79 元的眉笔到底贵不贵？顶流、主播的收入合不合理？这些都是我们身边鲜活的例子。不辜负一个时代，就要看到那个时代的苦难。

而我们的人民，勤劳、善良的中国人民，又常常让我们感动。记得 2012 届人文游学时，前往河南郏县城西的三苏墓。那是一个冷清的景点，少有游人，大门前有位老人推车卖些零食杂货。那是一辆在 20 世纪 80 年代火车站台才能见到的破旧推车，里面是包装陈旧、颜色暗淡的零食，都是些几乎没听说过的牌子。出于怜悯，我挑了一块 2 元的口香糖，递给老人 20 元，说"不用找了"，没想到老人说："诶，可不敢！"

再苦，再穷，也不占便宜，这就是劳动人民最朴素的价值观。"为什么我的眼里常含泪水？因为我对这土地爱得深沉。"对我们来说，祖国，不应是一个遥远的、抽象的名词，它是广阔天地、辉煌成就，也是青青草木、鲜活日常。正如艾青所说，它有"永远汹涌着我们的悲愤的河流"，也有"那来自林间的无比温柔的黎明"。这样雄伟、深沉、温柔的祖国，怎能让我们不爱她？

祖国是具体的，是我们的爱之深，也是我们的痛之切。所以，我们应怀着爱国热情，关注现实，关注当下，把小我融入大我，让"为祖国而学习"成为实际行动。所有奔向星辰大海的人，其实入手点不在远方，而在眼前、在当下。八中师生中，这样的例子有许多。

生物组孔玮老师说，她的高中阶段有个重要的转折点——2008 年汶川地震，她在医院当志愿者，接触了很多来自重灾区的同龄人，其中有一个 15 岁的男孩，一个人被送来医院，她们努力帮他寻找亲人。然而最后，他的亲人都埋在了北川。当时她想，他往后的人生应该怎么办？这段经历让她意识到为祖国而学习不再是一句口号，而是怀着感恩和责任的一种发自内心的使命。后来她一路读书，从家乡四川考入清华大学，接着教书育人，这就是孔老师用行动对祖国的回馈。

2019届毕业生曹安琪，考入北京师范大学历史系。她说："我对历史抱有一种温情与敬意，基于此热情，我希望可以在考古过程中对历史知之愈深，爱之愈切。其次，我天资不高，于其他方面不一定可以为国家、社会作出贡献，但我自认为我的知识面、性格与爱好十分适合做考古与历史研究方面的工作，而我也坚信自己可以在这方面取得一定成就，实现自己的价值。再者，我在史学方面仰慕钱穆、陈寅恪、吕思勉，在考古方面钦羡王国维、李济、董作宾。这些人的学识与精神常让我掩卷而叹，有以自省。我虽然做不了大师，但做第一等人、做第一等事的愿望却常怀心中。吾志所向，一往无前，屡仆屡起，愈挫愈勇。"

2020届毕业生张菀芯，考入北京大学元培学院。她说，"我本来是一个近乎精致利己主义的人，高三之前没怎么想过我跟国家命运的关系，觉得以后自己能养活自己不错了。网课期间，写了一篇有关'周浩选北大还是选技校'话题的小作文。我当时心想，这还用犹豫，肯定北大啊！然后老师的讲解让我认识到了自己的局限与狭隘。我辈青年，肩负了太多人的期待，须担起时代责任，不管身处哪个学校，只要努力奋斗，都可成为于国家有用的人。择校不能仅仅考虑自身的发展，更要心怀家国。后来，我去体检中心，那里的医生眼中满是期待和赞许，对我们说：'你们以后都是国家的栋梁啊！'我读《人民日报》新媒体给青年的'十封信'的过程中，就深深地觉得我们真的应该成为时代的弄潮儿！"

我们是青年，不能只是年轻而已。青年是祖国的前途、民族的希望、创新的未来。时代是出卷人，对中国学生提出了要求：人文底蕴、科学精神；学会学习、健康生活；责任担当、实践创新。我们都是答卷人。期待同学们交出自己的优秀答卷！

最后，让我们齐诵梁任公先生的《少年中国说》，重温初读时的震撼与感动——

少年人如春前之草。

少年人如长江之初发源。

惟盛气也，故豪壮；惟豪壮也，故冒险；惟冒险也，故能造世界。

故今日之责任，不在他人，而全在我少年。

少年智则国智，少年富则国富；少年强则国强，少年独立则国独立；少年自由则国自由；少年进步则国进步；少年胜于欧洲，则国胜于欧洲；少年雄于地球，则国雄于地球。

红日初升，其道大光。

河出伏流，一泻汪洋。

潜龙腾渊，鳞爪飞扬。

乳虎啸谷，百兽震惶。

鹰隼试翼，风尘翕张。

奇花初胎，矞矞皇皇。

干将发硎，有作其芒。

天戴其苍，地履其黄。

纵有千古，横有八荒。

前途似海，来日方长。

美哉我少年中国，与天不老！壮哉我中国少年，与国无疆！

郝琳琳

少年意气　胸怀家国

"为天地立心，为生民立命，为往圣继绝学，为万世开太平"。使学生们成长为优秀中华文明的继承者，为社会构建良好的精神价值，是历史教育的使命所在。因此历史课堂正是厚植学子心中家国情怀的重要阵地。

"多元一体"的中华文明

在四年前的一节历史课上，学生们正在学习七年级下册"西晋的短暂统一"，当学习完八王之乱后西晋走向衰亡，北方少数民族在动荡中大举南迁时，一名男学生非常大声地说："把这些胡人全部杀光！"面对这样的状况，我一方面感到非常惊诧，惊诧于少部分中学生对生命的轻视，惊诧于历史教育能激发孩子心中如此深刻的仇恨；另一方面，我手足无措，不知道该如何回应这个学生。旋即下课铃声响起，我只能和这个学生说："你可以了解一下希特勒种族屠杀的作为，血腥暴力不是解决问题的有效方法。"

学生能说出将内迁的胡人"全部杀光"这样极端的话，背后的原因是什么？一是他和传统叙事一样，站在中原文明的角度上看待历史事件，将中原地区以外的百姓都视为"非我族类"，没有意识到这些胡人也是我们的祖先，也汇入了中华民族的洪流。二是他对杀戮的后果认识不足，意识不到"全部杀光"将造成多少人间惨剧，这和传统历史叙述主要关注王侯将相与宏观历史，缺乏对有血有肉的普通百姓的关注相关。如果历史教育者忽视了这些问题，在学生性格、"三观"形成的关键时期，任由他们心中滋生用简单残暴的方式解决问题的思维理念，日后步入社会将会付出更大的代价。带着这样的思考，我开始通过教学设计针对性地解决上述两个问题。

首先是在中国古代史教学中结合地理知识，尤其是结合北京地区史和学生们的家乡史，展现出"中国"地域的变化、中华民族逐渐融合的过程。在学习商周时期的历史时，我让同学们在地图上找出自己的家乡，并随机点几名学生提问："你的家乡在哪里？"如果该同学并不生活在中原地区，我会继续追问："那你的祖先在当时被称作什么呢？"通过观察地图与深入思考，来自全国各地的学生们就会发现，原来我也是"南蛮"，或是"戎狄""胡人"，但同时我也是中国人。

在辽宋夏金元这段历史中，历史叙述往往是站在北宋、南宋或者汉族人的角度，尤其是又有岳飞这样悲情英雄的故事，学生们很容易将契丹、女真、蒙古族视作外来入侵者，从而产生仇恨。于是，我将辽、北宋、西夏的历史地图呈现在多媒体上，提问："北京在哪里？""北京当时属于哪个政权？"同学们很容易能发现，北京当时是辽的南京，而通过观察金与南宋对峙的地图，他们会发现，北京还是金的中都。通过对北京地区历史的了解，学生们转换了视角，了解认识到辽、金等政权虽是少数民族政权，但也是中国历史的一部分。

经过长时间的熏陶、浸润，现在每当提到不同民族的接触交往，例如东汉时期4万匈奴人内迁，学生自然而然就能脱口而出："多元一体"与"民族交融"。当学习到战争史时，学生不仅能为精彩的战役鼓掌叫好，更能为百姓的处境发出一声声叹息，做出"兴，百姓苦；亡，百姓苦"这样的总结。

家书里有家国

除了中国古代历史能让学生感受到中华文明的多元一体、源远流长外，中国近代、现代史中也涌现出诸多为国家民族抛头颅、洒热血的仁人志士。这些鲜活的生命以其英勇之姿被镌刻在中华民族的历史丰碑上，他们绝对不只是课本上寥寥数字的简介。因此，我试着挖掘更多生动细致的史料，让学生感受到先烈胸中磅礴的家国情怀，而家书是其中情感最细腻、最易打动人心的载体。

为了吸引学生，打造生动课堂，在《抗美援朝》一课中，我选取了抗美援朝烈士李征明写给妹妹的家书，这些家书被亲切地称为"表情包"家书。为了照顾识字不多的小妹妹，李征明在家书中绘制了大量生动有趣的插画代替文字逗妹妹开心。当有趣的家书被展示在多媒体上，学生们都饶有兴致，专心地"破译"这些画，还有学生自告奋勇地站起来要给大家翻译一遍。学生们由此了解了李征明对朝鲜人文的介绍与对家人的关爱惦念，基本上是怀着轻松愉快的心情读完了这些温柔可爱、情深义重的家书。

随后，我将这些家书的主人——李征明的人生经历展开介绍。学生们才知道他是在残酷艰辛的上甘岭战场上写成了这些家书，哪怕是身负重伤也坚持不下火线，在距离抗战胜利仅一个月的时候牺牲在了朝鲜战场上，将生命永远定格在了23岁。这个时候，学生们的表情逐渐凝重，教室里一片寂静，我清晰地听到了个别学生的叹息声。李征明是众多志愿军将士的一个缩影，是保家卫国的英雄，也是一个热爱生活、多才多艺的哥哥。在这样真切的感悟中，学生们生发出了对英雄的崇敬之情，明白了什么是抗美援朝精神。

教育的本位是育人，我希望我的学生们在学校收获的不仅是知识，更能生成兼济天下的情怀。正如优秀校友邓稼先一般，除具备掌握过硬的专业本领外，更珍贵的是拥有一颗至诚报国之心！

毕赛阳

第二篇 言为士则、行为世范

—— 我们做得怎么样，我们应该怎么做

言为士则、行为世范的道德情操是教育家精神的鲜明品格。"我们做得怎么样，我们应该怎么做"是学校党组织提出我们要不断"向内看、向前走"的灵魂拷问。"我们做得怎么样"，是向内叩问"三省吾身"，是对学生、对学校、对党的事业时时放心不下，日日深思躬行；"我们应该怎么做"，是向远追问"上下求索"，是为教育、为祖国、为党的未来事事无私无我，处处用心用力。倏忽百年，"言为士责、行为世范"的自觉与外显从未因时空环境的变迁而发生变化。

师 父

每年教师节这一天，八中都有一项传统的活动——拜师。那些刚步入工作岗位、充满热情与活力的新教师，或是首次迎接毕业年级挑战的教师们，都会以一颗谦卑而虔诚的心，向那些德高望重、经验丰富的老教师鞠躬致敬，称呼他们一声"师父"。来到八中工作的二十年中，正式的拜师礼我行过三次。

白芸老师是我行拜师礼的第一位师父，指导我做高中教学工作。白老师是一位老教师，每节课前她都会做充分的准备，就连擦黑板的布都投洗得干干净净，叠得整整齐齐。在她的课堂上，看到的永远是清晰明了的板书。白老师的用心体现在每一个这样的细节中。记得当时我很不自信，总担心自己上不好课，每每这时白老师都会给我鼓劲，她总说的一句话就是："燕，你没问题！"第一次期末考试，我所教班有一个学生考了满分，得知这个消息后，白老师比我还要高兴。正是白芸老师赋予了我宝贵自信。

魏涛老师是我行拜师礼的第二位和第三位师父，一次指导我做初中教学工作，还有一次指导我做毕业班工作。魏老师说话和风细雨，讲课娓娓道来，解决难题的同时总是不忘抓住学生思维过程中的亮点给予鼓励，听她的课总给人一种如沐春风的感觉。魏老师对学生的用情体现在每一个这样的细节中。当时我刚接触初中教学不久，从高中教学到初中教学有点不适应，看着书本的内容感觉无从讲起。第一天晚上备课，正当我一筹莫展之时，魏老师给我发来了一条信息："燕，我把这一节的教案发到你的邮箱里了，有什么不明白的地方随时问我。"顿时一股暖流涌上心头。在之后和师父一起并肩战斗的日子里，我发现魏老师不仅是学生的数学老师，更是学生的心理导师，她不仅能让失去学习兴趣的学生重新燃起希望，还能让站在山顶的"战士"再攀高峰。师父告诉我不仅要教书本上的知识，还要教给学生书本外的道理。正是魏涛老师用奉献的精神教会了我无私付出。

2013年，我有幸代表西城区参加北京市青年教师基本功大赛。学校非常重视此项工作，还贴心地为每一位参赛的教师配备了由学校资深教师组成的智囊团。古跃凤老师就是数学学科智囊团的首席专家。古老师的治学严谨在八中有口皆碑，平时每一份试卷的编纂，古老师都亲自审核，小到一个逗号的格式没有统一都逃不过古老师的"法眼"。比赛前的最后一个周末，古跃凤老师来到学校指导我的参赛汇报，因为前期已经给出了指导意见，我也根据古老师的意见反复推敲了很多遍，本以为会很顺利地通过古老师的"审核"，没想到听完后，古老师让我打开多媒体，把汇报稿打在大屏幕上，开始认真地审核。当我看到古老师戴上老花镜，眯着眼睛，手指着文稿，逐字逐句地斟酌、推敲时，真的很感动，感动于老教师的这份严谨和认真，更感动于古老师身上的这份责任感。直到比赛的前一天，古老师还特意找到我叮嘱说："把教学目标中的理解改为初步理解吧，不要把话说得太满。"没想到古老师在比赛前都未停止过对文稿的推敲。顿时我感到身上沉甸甸的，肩负着八中的责任与使命，我没有理由懈怠。虽然没有行过拜师礼，但是古老师却用这种"匠人精神"感染和带动着我们这些年轻教师，毫无保留地给予我们指导，是所有年轻教师的师父。正是古跃凤老师细致的言行让我领悟严谨态度。

日子久了，我渐渐发现，其实在我的身边有很多像古跃凤老师这样的"师父"，他们帮助点拨我的一幕幕至今仍记忆犹新。从我毕业来到八中工作的二十年间，做过外事、团委工作，担任过初、高中数学教学教师和班主任。每接手一份工作之初，都带着几分不安和慌张，幸运的是每一份工作中都有"师父"的点拨和帮助。在师父的指引下，我汲取丰富的教育教学经验，学会了以更加从容和自信的姿态面对课堂，学会了以无私的付出和关爱对待教师和学生，学会了不断提升自身专业素养，以严谨的教学作风和精益求精的工作态度对待每一件事，亦学会了如何用心感受每一个学生的需求，用爱温暖每一个学生的心灵。

作为八中的一名教师，我总和学生说："选择了八中，就选择了高标准。"而回想这些年在八中工作和成长的经历，我对自己说："选择了八中，就选择了做一名高水平的教师。"在八中，我选择的不仅仅是一份工作，更是一种追求卓越的信念。在八中，群英荟萃，人才济济，青年才俊如雨后春笋般崭露头角，而更令我感到自豪的是，我能够与一群兢兢业业的师父们并肩作战。师父，是知识的传递者，更是精神的引领者，他们不仅教会我们如何教书育人，更教会我们如何为人师表。他们以高尚的师德、严谨的治学态度，诠释着八中精神的真谛，他们的智慧与经验，如同宝贵的财富，代代相传，为八中的教育事业注入了不竭的活力。我很庆幸自己成为一名八中人，能和优秀的师父们一起工作，能从师父身上学本领、学做人。

从徒弟到师父需要经历一个漫长的过程。如今，我也成长为一名年轻教师的师父。在教育的道路上，我们既是徒弟，也是师父。在这个知识爆炸的时代，教育也在不断地变革和创新。作为新时代的中青年教师，我们在学习、传承师父们丰富经验的同时，更要敢于探索、勇于创新，不断学习新的教学理念和方法，将传统的教学智慧与现代的教学技术相结合，努力融入新的教学成果，为培养更多优秀的人才贡献自己的力量。争取让教育焕发出新的生机和活力，让教育的火炬在新时代中燃烧得更加明亮、更加温暖。让八中这份财富与时俱进、不断增值！

刘　燕

教育无小事　事事皆育人

教育无小事，事事皆育人；教师无小节，节节皆楷模。

做了班主任，有了更多的场合与学生沟通，也有了更多的机会触摸到学生内心的柔软。回头想想，自己虽没有做过惊天动地的伟业，但正是那些微不足道、平平淡淡的片段和细节，犹如那春花、夏蝉、秋叶、冬雪一般，平凡而又真实地陪我一路走来。

班级管理中充满了需时刻关注的桩桩件件小事，要从细节处了解、关心学生，要求、规范学生，影响、感染学生，更要激励和鼓舞学生。

说起借助小事了解学生，那莫过于家访。在家访时，我格外注意学生自己房间内的陈设。比如，书柜中哪方面的图书更多些？房间里的小摆件有什么特点？床铺是否整洁……在家访的过程中，我还会邀请孩子一起参与聊天，了解孩子的兴趣爱好、曾担任过的班内工作以及对新学期的展望等。谈话过程中，我会观察孩子讲话的方式和语言逻辑，辨别孩子是否有独立思考能力、是否自信乐观，从而对孩子的性格特征作出初步的判断。

班级常规管理千头万绪，只有细致入微，抓好每件小事，才能真正要求和规范学生。一开学，我就和学生们一起制定班级公约，对上课纪律、课余时间安排、收发作业要求、值日生职责等方面都进行了详细的规定。如学委要每天早上写清当天课表，制定好当天的午自习内容，组织结对子的同学及时相互求教和解惑；宣委根据本学期每个月的学校教育主题，制定好相应的板报设计文案并定期更换板报；生委负责统计每日考勤，监督值日生保质保量完成任务；课代表做好作业上交的统计工作，及时传达各科老师的学习任务……总之，班主任若能不放松任何一个时间、任何一件小事，就能不断强化学生的行为规范，在班级内营造积极向上的氛围。

班主任工作更多的是无字之书、无言之教，教育就隐藏在平日里的小事之中。比如班主任每天穿戴整齐，精神抖擞的形象无声之中传播着文明与美。每次看到地上的纸屑，班主任俯身拾起无疑会让乱丢垃圾的同学心生惭愧，日后随地乱丢的现象定会减少，同时效仿老师主动捡纸屑的人定也会越来越多。再如文明礼貌用语的使用，老师每一次都主动跟学生友好地打招呼，每当得到学生的帮助，都诚恳地说声"谢谢！""辛苦了！"学生们每日耳濡目染，文明的种子便扎根在学生心中并践行在他们的行动上。

爱听表扬、鼓励的话是孩子们的心理特点。若能借助小事激励、鼓舞学生，那么积极因素就会被激发，达到事半功倍的效果。记得开学初第一次下发试卷，我大大表扬了双手接过试卷并向老师道谢的孩子。第二天，几乎所有坐在第一排的孩子都能够做到双手接过老师递过来的东西并轻声道谢。不仅如此，调换座位后这个传统依然延续，每组的第一个人自动成为本组的礼仪先锋。还有一次，我发现讲桌上不知何时放上了一盒纸巾供大家取用，于是便夸奖这个心思细腻的孩子。此后，我经常发现抹布不知何时换了新颜，课程表临时调换的几节课早已被做了醒目的标记，粉笔盒中悄悄多了几支粉笔夹，书柜中增加了不少报纸杂志，卫生柜上又多出了几盆绿植，让人看得赏心悦目。这些小小的举动，都诠释着孩子们对班级的热爱。作为老师，如果及时发现孩子们的善举并且肯定它、推进它、催化它、延伸它，那这小小的善举就会变成人人心中的大爱。

记得海尔集团创始人张瑞敏曾说过：把每一件简单的事情做好就是不简单，把每一件平凡的事情做好就是不平凡。对老师来说，可能没什么伟大的事情等着我们去做，能做的都是一些小事，而往往教育的大理念、大智慧就蕴藏于这些小事之中。我愿在自己平凡的岗位上兢兢业业、尽心尽责、倾我所爱，把平凡的事做好，换取明日的桃李芬芳。

刘 洋

做学生成长的引路人

"爱心义卖"活动是最受学生喜欢的活动之一。作为班主任，我们该怎样挖掘此活动价值，做学生成长的引路人呢？

分析探究，提升内涵认知

进入八中的第一天，学生们就对学校宣传片中提及的爱心义卖活动充满好奇和期待。当属于他们的义卖活动到来时，他们异常兴奋，一个个摩拳擦掌、跃跃欲试，仿佛接下来的义卖活动将是一场不容错过的狂欢大派对。此时，我向学生提出了两个问题：一是何为"义"？二是为何"卖"？听到这两个问题，叽叽喳喳的教室瞬间安静了下来。

为了引导学生更好地探究这两个问题，我先让学生列举了他们众所周知的一些仁人义士的善举，然后又分享了自己求学期间参与支教、敬老院陪伴老人、慈善义演等与爱心公益相关的一些经历和感悟，最后我们通过镜头将话题转向八中往届学生的爱心义卖总结。经过上面的铺垫，学生口中的话语从一开始以自我为圆心的"卖卖卖"和"买买买"悄然变成了以他人为目标的"帮助谁"和"怎么帮"。之前无序的躁动与笑闹被此起彼伏的有序发言和郑重其事的思想碰撞所取代，大家在积极的互动中为开始的问题找准了答案：本次义卖关乎公益，关乎情谊，关乎志愿精神。于是，接下来具体"卖什么"和"怎么卖"就拥有了方向感和价值意义底色。

组织协调，锤炼实践能力

在活动的具体准备和实施阶段，每名学生都热情高涨、争先恐后，结果出现了一哄而上的局面，整个班级处于高度亢奋但原始低效的狂欢状态。作为旁观者，我一方面欣喜于学生的鲜活创意和旺盛活力，另一方面也深感这些未经雕琢与历练的璞玉有着巨大的成长空间。于是，我们利用一节班会课时间，带领学生们总结经验教训，分析讨论相关问题，并帮助他们理顺思路、列出相关操作流程以及细节。接下来，整个活动很快进入到任务合理分工、学生各展所长的高效阶段：宣传组设计制作宣传单和现场展板，道具组制作转盘和奖券等促销道具，统计组负责统计货品归类及定价，销售组负责现场营销收纳记录，编外组负责招徕顾客和到其他班级学习先进经验……一切都开展得超乎想象的顺利。

在义卖活动结束之后，当近四千元这个数字被写在黑板上的那一刻，全班爆发出热烈的掌声。我顺势总结道，这次活动和这笔善款不仅是全班同学拥仁爱之心、行慈善之举的直接见证，更是集体智慧、群策群力、团结协作的最佳证明。学生们频频点头表示深有同感。看到学生们一张张自豪的脸庞，回想起过程中的一幕幕场景，我不仅感慨于学生们蓬勃向上的精神状态，更体会到了为人师者的成就感。

力行善举，承担社会责任

"巨额"善款意味着可以帮助到更多有需要的人。首先，按照惯例，我们将一部分善款捐献给了希望工程。之后，我与家委会合作，共同引导孩子们心系天下、关注时事、寻找契机，力争发挥善款的最大价值。当年夏天河南突发暴雨洪水，当地部分农村校舍被淹，使得原本就匮乏的图书损毁严重。于是，我们与河南安阳赵村小学取得联系，根据他们列出的需求清单，用剩余善款在京东平台购买了数百本急需图书邮寄过去。为了给他们提供更多帮助，学生们又设计出校内与校外双线二手图书募捐方案。我个人首先积极响应，带头捐赠了部分图书，后续学生和家长们都踊跃参与，大量适龄适读书籍被陆续打包寄往赵村小学。收到图书之后，赵村小学校长发来很多现场照片，并发来长长的感谢信息，其中特意提到，他们设立了北京八中初二7班爱心图书角，以感谢和铭记这份真挚的情谊。听到这个消息，学生们备受鼓舞，那是对他们大爱之心和慈善之举的最好褒奖。

爱心义卖不仅帮助学生们丰富了体验，提升了能力，还加深了他们的内心沉淀，给个人成长和集体发展以有效的滋养。更重要的是，他们的慈善之举因为蕴含了对他人的关爱而散发出人性的光芒，因为心系天下而体现出深切的社会责任感。

唐保花

自能成羽翼　亦要仰云梯

踏着晨光和落叶，这是我在八中的第三个秋了。

来八中的第一个秋天，是在木樨地。初一12班教室外的地是防滑的，所以我来回的踱步显得有些僵硬和凝滞，我做了一组深呼吸，故意迈着轻快的步伐走了进去。那天，鼠标记得我的紧张。

来八中的第二个秋天，是在东里。教室开阔，地砖光洁明亮，我自然地走进教室，布置着新闻采访任务，也接受着孩子们的采访。那天，镜头记录着我的幸福。

来八中的第三个秋天，还是在东里。落叶因风起，但是教室里的"花"却朵朵向阳开，我坚定从容地走进教室，缓慢踱步检查复习任务，思考着如何让学生学习兴趣更浓厚的方法。

三年里，踏入教室的这条路我不知道走了多少遍。这是一条平凡之路，也是我的成长之路。

在这条路上，我深感幸运又总觉不足。在这条路上，我看到了许多人，或是前辈教师或是一起入职的同伴，他们总能给予我震撼与感动。在这条路上，我深切地体会到青年教师应该做什么：要以前辈教师为榜样，不断地学习。自能成羽翼，亦要仰云梯。真正做到学为人师、行为世范，才能在工作上发力成长，绽放光芒。

组内的老教师是我们的标杆。他们的课堂总是"安静与思考齐飞""生动与效率一色"，是我们最宝贵的"课本"和最生动的"教参"。初二的某个课间，刘艳老师下课回到办公室，激动地向我们几位青年老师分享起了刚结束的课堂。这是一节《庄子》节选短文的新授课，我还发愁，这么有难度的课文该怎么教好呢？"让学生自己提问题""他们的提问特别精彩，惊艳我了""思路打开了，讨论特别热烈""我记下来了这几个问题"……刘艳老师忙不迭地告诉我们。几个脑袋凑在屏幕前，看着学生的"成果"，大家连连赞叹，赞叹学生的水平"真高"，更赞叹这方法"真妙"。原来，刘老师让学生们分组学习，对不懂的地方当场提问，并把问题直接归纳在黑板上，学生也可以回答问题。在这样的引导下，注释是必须去看的，思维是马上活跃的，竞争是良性循环的，文本是逐步深入的。原来，课可以这样上！课堂问题不是一定要让教师来提，教学安排也未必都是教师来"定"，答案也未必都是教师来"给"，这些"未必"带来的将是学习效果提升的"必然"。

带着这样的收获，我也逐步转变了我之前的理念，放弃依赖幻灯片，也不一定要设计多么严谨繁复的课堂流程，而是思考真正有价值激趣的问题，思考"四两拨千斤"的课堂设计，思考如何在轻松愉悦的氛围里让学生有所收获。看公开课时更加关注课堂问题，学优秀教学设计并将之转化落地，借阅期刊了解最新的理念。慢慢地，在课堂上我模仿前辈，弱化自己的角色，以生为本，课时慢点没关系，意见不同也没关系，留出耐心，不做"抢答人"，春风化雨，不做"讨债者"。如此既和缓了师生关系，又提高了课堂效率，一步一个脚印，我逐渐变得沉稳自信。

成长自然不能只模仿借鉴，更要加强学习，凭借内驱力主动丰满自己的羽翼。要主动反思不足，总结经验，每次总结都是一次经验的提炼、一次理论的建构和一次专业的成长。发现问题固然不悦，但寻找答案会令人成就感满满。要广泛阅读，丰富学科素养，学无止境，教师尤甚，扎实的学识是我们站上讲台的底气。要相互交流，共同成长，思维火花的碰撞会带来意想不到的惊喜，可解决困扰已久的难题。同组也有几位青年教师，我们专业背景相似，志趣相投，办公室里，经常约着一起背诗、看书，午休时就互相检查"背诗作业"，谁也没有为这件事"上过价值"，但是眉宇间的愉悦表达了对语文的热爱之情。我们时而按诗歌类型背，时而按诗人背，我也因不能时时准确交上"作业"而愧疚，但是一个学期下来，林林总总竟也收获不小，这是另一个意义上的成长。学科素养的丰厚，使我的内心更加坚定。

晨光熹微，来日之路光明灿烂；秋叶尽落，枝头满是累累硕果。未来还有许多秋，我们将一直在路上。

张康宜

八中教育　行政之光

晨钟暮鼓伴日月，心怀八中情绵长。
言行为范为英才，八中精神永传扬。

行政部门挑重担，微小课题深钻研。
发现问题勇面对，解决问题显专长。

学生处以德为先，传递温暖汇力量。
文明管理育英才，德勤修业润心田。

教学处内勤耕耘，学籍系统严把关。
图书馆里寻好书，组考细节见真功。

科技教育内外热，引领学生探前沿。
思维释放启新篇，人工智能创未来。

电教组内聚力量，电教保障规范忙。
资源整合建库藏，细微之处显担当。

教科研室研教学，结合实践求发展。

课程改革促前行，课题研究出真知。

百年八中岁月深，破浪前行勇攀峰。

教师行政齐奋进，智慧力量向光行。

步步踏实追梦想，师者情怀润心房。

耕耘收获信念坚，桃李芬芳春满园。

教师行政手牵手，智慧光芒照前路。

共筑八中辉煌景，谱写教育新华章。

怀静宇

服务教育成事业　锤炼品格践初心

　　灼灼韶华，风禾尽起。自部队转业后，怀揣着服务于教育事业、践行初心的理想迈进了北京市第八中学的校门。岁月流转，回首这一十五载追逐的人生轨迹，每一次的努力与付出，都是一份珍贵的馈赠。如果用一句话来形容，那便是过程虽苦涩，收获却甘甜。

　　忆往昔。2008年我刚踏入北京八中，面临新的环境，身负后勤和保卫双重责任。此时，恰逢北京奥运会举办，八中作为一个运动员训练场馆，无论是后勤保障还是安全保卫等各个环节都决不允许出现任何差错，这一政治性任务代表的不仅仅是学校，更是国家。如此巨大的压力和挑战，激发了我曾作为一名军人不屈不挠的斗志，激扬了我"敢教日月换新天"的豪迈，最终我收获了西城公安分局给予的嘉奖表彰。转眼又一秋，2009年时逢"国庆60周年"，北京八中再次肩负起协助有关部门承担全区进入天安门广场参加国庆演出人员所需食品的安检和分发任务，同时还负责对本校参加国庆演出学生的服装和背景图案道具进行调换、维护等工作。神圣使命激发了我的斗志，连续一个多月加班加点日夜奋战驻守在校园，坚持定向服务，带领队员凝聚起团结奋战的力量，协助有关部门圆满完成了这一光荣任务。

　　近年来，八中积极响应市教育系统安全发展总基调，较早创建了校门口交通安全"护导岗"专兼职队伍。每天上下学由带班领导、值班老师、全体保安员在校门口引导学生安全过马路和疏导来往车辆等，有力确保了校门口交通、治安秩序的稳定，成为八中一道亮丽的风景线。

看今朝。以学生上下学重要时段校门口的安全维护为抓手，以全国"两会""国庆"等重要时期安全维稳为重点，以中高考、第一次铃声等重大活动安全保障为目标，以消防应急演练、反恐防爆演练、危险化学品防盗抢演练、突发公共安全事故演练为防线，无论严寒酷暑，总有一抹坚毅、勇敢的身影冲在前方，因为我时刻铭记作为一名退伍老兵，要有践行初心使命的担当和精神。

无数次的亲力亲为，八中获评金融街平安建设先进单位、金融街消防安全工作先进单位称号，而我也荣获优秀先进个人等诸多荣誉。荣誉的背后是默默无闻的奉献，是对事业无怨无悔的坚守，是一心为校的理想信念，我时刻以党员的标准要求自己，坚定为服务八中教育事业永葆初心。

展未来。"雄关漫道真如铁，而今迈步从头越。"作为一名安保干部，我时刻牢记习近平总书记的厚望重托，加强安全宣传，大力弘扬教育家精神，引导学校广大师生讲安全、学法制，坚持不懈用习近平新时代中国特色社会主义思想凝心铸魂，坚持将保障广大师生的安全作为一名保卫干部的初心使命和责任担当。

施　龙

美哉，吾师！

2023 年 11 月 15 日，我为初一 8 班的学生上了一节写作公开课，课堂任务是完成一篇题为《美哉，吾师！》的作文。在准备这节公开课的过程中，有个问题一直深深困扰着我，即我究竟预备让学生以怎样的心情写下一个个和老师有关的故事？为此，在本节课的最后五分钟，我呈现了我所写的同题例文，当我将自己心中的一位位"吾师"呈现给学生时，我无比真切地感受到了他们的动容。课后，一名学生小声告诉我："老师，看了您的文章，我觉得我也想做一名教师，想做一名八中教师……"那一刻，我从她的眼中看到了昔日之我，更看到了师者之初心。

很荣幸，我是一名教师。我的很多学生都曾问我，为什么会选择做老师，又偏偏做语文老师。每每听到这样的问题，我的脑海中总能浮现一些人，一些于我而言，实在是很"美"的人。

2008 年一个闷热的午后，一场暴雨席卷了整个操场。下午第一节课，我的语文老师迟迟未到。没多久，教室便开始躁动起来："快看！""那是不是……""是的，语文老师！"我不禁随众人的目光向窗外瞧去，那阴云滚滚的天，那肆虐凌厉的雨，那尖厉刺耳的雷，将整个操场裹挟在一片可怕的喧嚣中。然喧嚣中却赫然走出一个坚定且傲然的身影，那步履迈得极大，却不显慌乱，那面容已被淋湿，却不显局促。"是语文老师！""这画面……太美了！""果然是大师风范！"我的语文老师姓费，私下同学们都叫他"费大师"，他其貌不扬，却总是透露着浓郁的士者风范，我从未曾想，这士者风范竟在一场暴雨中得到了如此具象的诠释。许久，一声推门声响起，浑身湿透的费大师已站在讲台上，还没等同学们开口，便悠然慨叹道："任凭风吹浪打，我自岿然不动。"话音落地，教室里掌声雷动。那节课，衣衫湿透的费大师，讲的是苏轼的《赤壁赋》，自那以后，我便再也无法忘却那暴雨中坚定的身影。我始终觉得，是费大师在我的心中播撒下了一颗文学的种子，于是在那年高考填报志愿时，我专业毅然决然选择了"中文系"。

2013年一个明媚的清晨，中文系大三的我正忐忑地等待着一节现当代文学课的到来。教授现当代文学课的老师姓汪，是一位身形瘦削的南方人，并不善言谈，但只要上课铃声响起，他便像换了个人一般，侃侃而谈，慷慨激昂。那段时间也正是我迷茫困顿的日子，思量再三决定给汪老师写一封求教邮件，邮件发出时已是凌晨，没想到他却迅速做出回复："你的问题真好，明天我会在课上回答你。"明天？课上？怎么回答？就这样，我激动地等待着汪老师的到来，看他如往常一样打开课件，微笑着将我的问题以匿名的方式分享给全班同学。随后，他旁征博引，深入古今，用了整整两节连堂课的时间回答了我的问题。我激动着，诧异着，也感动着。所谓师者，大抵就是如汪老师般有求必应、有问必答，大抵就是愿意倾其所能唤醒每一位学生，大抵就是他感慨万千地说："感谢这位深夜给我发送邮件的同学，感谢她的信任，感谢她带给我们这么好的一个问题。"那是我第一次，对"师者"形象有了如此直观的理解。

2017年一个初秋的上午，我踏进了北京八中的大门，轻轻走上讲台，小心放平书册，清了清嗓音，故作镇定地喊出一声"上课"。伴随着异口同声地"老师好"，我知道此刻我第一次将文学、讲台和我的生命紧紧相连，这让我踌躇满志，亦诚惶诚恐。如今在八中做语文教师也已有数个年头，但永远在登上讲台的那一刻心有戚戚，只因为八中的一位位"吾师"。

是她，是初入八中时，我拜的第一位师父。温润的话语，明媚的笑容，融化了我初登讲台时的错愕与懵懂。春风化雨般，她教会了我如何精雕每一节语文课。

是他，是第一次做班主任时，我拜的师父。谦逊诚恳的气度，兢兢业业的作风，消解了我初做班主任时的惊慌与忐忑。悄无声息间，他教会了我如何将每一个孩子放在心中。

是他，是第一次带初三毕业班时，我拜的师父。风趣幽默的灵魂，充满智慧的神韵，鼓励了我再次突破自己的勇气和决心。优雅从容间，他教会了我如何将每一份工作落在实处。

每每忆及此处，我总是心潮激荡！

要知道啊，在八中，随处可见，是辛勤的园丁，是耀眼的星辰，抑或是风度翩翩的大先生，是气韵深厚的教育家！我愿将他们尊为一位位"吾师"，只因他们身体力行，总能将"吾师"风姿具象为一个个朴实而勤勉的身影；因为"吾师"，我从不愿懒怠；因为"吾师"，我永敬畏课堂；因为"吾师"，我还想继续深耕和进步；因为"吾师"，我实实在在地看到了一代代八中教师的风范……他们是晨起时匆匆的脚步，是寒风中屹立的身影，是讲台上耀眼的星辰，是人生路上璀璨的光芒！

是的，我的学生们并不知道，我其实常常在讲课讲到最激动的时刻失了神，总恍惚下面坐着的他们，是当年的我，正渴求着知识的光芒，期待着精神的闪耀。我想做一名可以被赞为"美哉"的教师，不为别的，只因我的老师，从风雨中独行的"费大师"，到谦逊诚恳的"汪老师"，到永远感动着我的八中教师……他们都是"吾师"。

不错，无论何时再见到他们，我相信我都愿深深地慨叹一句："美哉，吾师！"

马　楠

对教育深沉的爱

汪艳老师的心路历程，仿佛是一幅绚烂的画卷，记录着她从初入职场到扎根教学一线，再到对教育理念的深刻反思和改变。这段丰富的经历充满了情感的起伏，也是她个人成长的缩影。

初入职场陷困境：挫折中反思

初入职场，汪艳老师就面临着教学上的挑战。她以培养学生对英语学习的兴趣为出发点，采用了一系列生动有趣的教学方法，然而，初期的成绩并不理想。面对学生的泪水，她也曾心灰意冷，但一位睿智的校长的鼓励让她坚定了走自己路的信心。

在校长的引导下，汪艳老师没有放弃对素质教育的追求，通过提高自身的学科知识水平、向同事学习，逐渐找到了教学的章法。她的努力不仅培养了学生对英语学习的兴趣，还使学生在学科成绩上得到了显著的提高。这段经历让她深刻认识到，兴趣教学与应试成绩并不矛盾，教育应该关注学生的学习习惯，注重教学方法的研究。

出国访学拓视野：反思语言教学本质

汪艳老师的教学之旅并未止步于国内，1996年，她赴美国进行为期三个月的综合大学 ESL 项目访学。这次经历让她意识到自己所教授的英语更偏向"书本英语"，而非地道英语。她看到了许多中国留学生在国外交流上的困境，深刻认识到语言教学的本质是要让学生能够自如地交流。"我不应该只是教教材，而是用教材教英语。"这是汪艳老师在美国的感悟。她开始意识到，作为一名英语教师，她的职责是通过教授真实的英语帮助学生更好地认识世界、更好地与世界交流。

授课教学少儿班：教真实的英语

回国后，汪艳老师的教学方式发生了根本性的改变。她开始教授真实的英语，采用交际法，课堂教学强调快节奏、大容量、高密度。她被安排负责少儿班的英语教学，这些学生为超常儿童，因此汪艳老师并没有依赖教材，而是注重选用适当的语篇，甚至自选学习材料。汪艳老师不仅在课堂上保持了充满趣味的教学，还努力寻找适合学生的原版动画片、电影等。她不仅教学有章法，还通过丰富的教学活动，如带学生采访外宾，使学生在实践中学英语、用英语，取得了显著的成效。这届学生升入高中后，英语学习变得十分轻松，因为他们已经在真实的情境中用交际的方式掌握英语技巧。最终他们都取得了优异的高考成绩。

尽管少儿班的英语教学获得了成功，但质疑的声音也随之而来。有人认为成功的原因是学生是超常儿童，而这种教学方式不适用于普通学生。当时整个北京市的英语教学都是应试导向，汪艳老师的教学方式显得过于超前。这让她开始思考自己的教学方法，并决定继续深造，攻读研究生。在研究生阶段，她更深入地研究了英语教学法、教育心理学等，拓展了自己的学科知识。

理论与实践相结合：推动项目制教学

研究生毕业后，汪艳老师回到教育岗位，她将在研究生阶段学到的理论知识与实际教学相结合。她开始提倡项目制教学，注重培养学生的实际语言运用能力，而不仅仅是应试能力。在她的引领下，学校逐渐形成了注重学生实际语言运用的教育理念，开设了大量的项目课程。学生在这样的学习环境中逐渐脱离了对应试成绩的过度焦虑，更注重语言的实际运用。

在中国传统的应试教育体制下，汪艳老师的教育理念和实践一度遭遇到了巨大的阻力。学校管理层和部分教师对她的教学方式提出了质疑，但汪艳老师坚定地坚持自己的信念。她通过教学成果证明了素质教育的有效性，特别是在少儿班和实验班的成功实践中。值得注意的是，汪艳老师并非盲目追求形式主义，而是通过理论学习和自身的反思，不断提升教育水平。她在研究生学习阶段，正视了自己理论基础的不足，主动提出问题，勇于迎接挑战。这个过程不仅让她在学科知识上得到了加强，更培养了她深入思考和解决问题的能力。在教育领域面临日益多元化和个性化需求的今天，汪艳老师的教育实践成为一种引人注目的创新。她在实验班的实践中推动了英语教学的改革，取得了令人瞩目的成就。她的教学理念和实践成果为教育改革提供了宝贵的经验，也为广大教育工作者树立了一个值得借鉴的典范。

教育理念谋变革：关注学生个体差异

在教育一线多年后，汪艳老师对教育进行了深刻的反思和变革，她从注重群体性的教学向注重个体差异转变。她认为每个学生都是独特的个体，需要因材施教，关注他们的兴趣和潜能，培养他们的创造力和实际运用能力。汪艳老师逐渐形成了注重素质教育、关注学生个体差异、培养实际运用能力的教育理念。多年的教学经验，使她深刻认识到教育不应该只是灌输知识，更重要的是培养学生的综合素养，让他们在未来的社会生活中能够游刃有余。

在教育实践中，汪艳老师通过各种富有创意的教学活动，如原创话剧、演讲、辩论等，引导学生在学习英语的过程中体验到快乐和成就感。她明白兴趣是学习的最好动力，因此努力创设多元的学习情境，让学生在"做中学""用中学"英语的过程中愉悦地掌握语言技能。

汪艳老师用爱心和耐心在教育中践行了真正的人文关怀，她不仅注重学科知识的传授，更关注学生的情感体验。她的理念深受学生喜爱，学生们在毕业时用庄重而真挚的方式向她致敬，让人不禁联想起电影《死亡诗社》中学生向基廷老师告别的场景。是她用真情和爱心感染着每一位学生，让他们在学习英语的同时体验到更多关于人生、情感和自我认知的丰富内涵。

汪艳老师是一位在英语教育领域取得卓越成就的教育工作者。她通过自身的实践，践行了以人为本的教育理念，对学生进行全面培养，助力他们成为有思想、有情感、有责任心的公民。她的教育哲学和实践成果为当代教育提供了有益的启示，为我们构建更具人文关怀的教育体系指明了方向。

倪　亮

眼望苍穹

我从小就对星空充满了好奇和向往，想要探索宇宙的奥秘。我父母也很支持我的兴趣，经常带我去参观各种博物馆，让我接触到物理、数学、生物、计算机等各种知识。我喜欢阅读科普书籍，尤其是霍金的作品，他用生动的语言向我展示了宇宙学的精彩。我对广义相对论、量子论、黑洞、时间旅行、弦论、超引力等前沿概念都很感兴趣，想要深入学习和研究。

我有幸在北京八中的推荐下，加入了北京市青少年科技俱乐部，选择天体物理的研究方向。我跟随清华大学物理系的老师们学习了超新星和宇宙论的相关知识，完成了超新星形成前恒星可能状态的研究课题。我每周都要去清华大学参加课题组会议，和老师或学长讨论科研问题，经常晚上十点到十二点才开始做课题，寒暑假也都用来写论文。我觉得科研虽然艰辛，但也很有意义，让我更接近我的梦想。

我高中的班主任也是我的良师益友，他经常和我一起讨论科学杂志上的最新进展，对我的科研活动也很鼓励。他教会了我如何平衡科研和学业，让我在两方面都取得了优异的成绩。我参加了北京市青少年科技创新大赛、"明天小小科学家"奖励活动等科技活动，用实际行动实现了我的天体物理梦。

我一直梦想着能够进入清华大学物理系，因为那里有最顶尖的科研团队和最先进的科研设备。我很幸运地考上了清华大学物理系，开始了我的大学生活。进入清华大学后我立刻投入到了一个新的课题中，研究了超新星和黑洞，试图用理论验证我对宇宙起源的猜想。我觉得自己的高中科研经历给了我很大的帮助，让我能够快速适应大学的科研环境。我也很敬佩清华大学物理系的老师和同学，他们的坚韧和创新让我深受启发。

毕业后我回到了我的母校北京市第八中学，成为一名教师，用我的亲身经历激励和引导学生学习和热爱科学。我经常带着学生参加科技活动，和他们一起观察星空，分享我的科研心得。我看到了他们的眼神里闪烁着对星空的好奇和渴望，就像当年的我一样。我深刻地感受到了科技教育的重要性，也希望能为祖国培养更多的科研人才。

我想，这就是我对星空的回报，也是我对科学的热爱。我相信，只要有梦想，有勇气，有毅力，就能够摘下星空中最亮的那颗星。我也希望，有一天，我能够亲自登上月球，或者火星，或者更远的地方，用我的眼睛看看宇宙的真相，用我的心灵感受宇宙的奇妙。

赛罕娜

回忆我的师父左老师

第一次见到左老师是在 1991 年。当时，我大学即将毕业，来到八中求职。面试之后人事干部将我领进一间办公室，介绍一位历史老师给我布置试讲课题。这位老师就是左玉祥老师——我见到的第一位八中教师，也是我未来的师父。左老师给我的第一印象就是一位仁厚长者，让人如沐春风，很快就打消了我紧张不安的情绪。记得我试讲的课题是《1861 年农奴制改革》。试讲后，左老师给予了我肯定和鼓励，让我对进入八中充满了信心，也让我对八中产生了一种亲切感。

20 世纪 90 年代初的北京八中（张爱民 / 供）

当时，左老师是学校教学骨干，常年负责高三教学，还担任文科班班主任。我刚到八中的那几年，正是左老师教学成绩极为突出的时期。他所带的文科班在高考中的成绩都是非常优秀的，1995年左老师的文科班还考出了一个北京市文科状元——马国昕。彼时，我眼中的左老师是充满活力的，他不仅对繁重的教学工作游刃有余，还经常出现在运动场上，我曾看左老师和学生打篮球，那一招一式都非常专业，有着四两拨千斤之势，真不像五十多岁的人。

左老师担任史地教研组长后，实行了一项重要举措——让年轻教师初高中跨头教课。这无疑是增加了我们的工作量，也带来了一定的工作压力。但它带来了很大的益处，在此后的两三年中，我们比较快地全面了解、熟悉了整个中学历史教学的内容，也了解了不同年龄段学生的特点。这对我来说，收获是巨大的。当时我一直在教高一、高二，觉得自己对所教内容已相当熟悉了，备课的负担已经不是很重了，可以轻松下来了。可这样一来，我又重新紧张、忙碌起来。但是后来，我即经常自豪地说，我有着中学所有年级（含少儿班）的历史教学经历。当然也包括高三的教学经历，这也是在左老师的争取、督促和帮助下完成的。现在的许多老师都没有这样的机会了。

20世纪90年代正值下海经商浪潮席卷全国之际，教师队伍很不稳定，我的许多大学同学和年轻同事都纷纷改行离开了教育行业。这种状况也影响了我的心态，虽然我并不想改行出口，但总觉得应该比那些出口的人要活得轻松一些。因此，在工作态度上并不积极主动，总是给人一种随遇而安的感觉。左老师不知是不是发现了我的这种情绪，反正那段时间左老师经常跟我聊天。与左老师交谈是一件非常愉快的事情，他总是能从日常的工作和生活出发，关心种种细微之处，设身处地地替我着想，特别尊重我的想法，同时也谈他自己的想法，然后与我进行交流。在这过程中，左老师谈了许多自己的人生经历和感悟，这让我对左老师有了更加深入的了解。

左老师生于1938年，中学时上的是北京的名校——汇文中学。他在学校

1996年北京八中部分史地组教师在广西南宁（张爱民／供）

不仅学习成绩优异，而且还是学校篮球队的绝对主力，按说考上一所名牌大学不成问题。但在高中毕业时，他却遭遇到了人生中的一大挫折。由于家庭成分高，他不能考好大学，只能去上师范。后来看电影《老师·好》，不禁联想到了左老师的经历，感叹时代对人生境遇的影响。不仅如此，毕业后左老师还被分配到了当时还属于远郊区县的房山良乡任教。面对如此不公的命运，左老师并没有消沉下去，反而是努力钻研教学，做好本职工作。很快左老师就干出了名堂，在当地成为一名优秀教师，在北京市也渐渐有了影响。终于，在改革开放后的80年代初左老师被调入了北京八中。有了比之前更好的工作环境，左老师的才能也得到了更好的发挥，工作中取得了更大的成绩，在市区的影响力也就更大了。

在谈到人生感悟时，左老师让我感受最深的是一种深深的责任感：即对自己的责任，"人这一辈子总不能一事无成吧？"对家人的责任，"人不能光想自己，还有父母、爱人，还有孩子，要替他们多想想"；对学生的责任，"家长把孩子

20世纪90年代初的北京八中（张爱民／供）

送到八中，交到你的手里，你就要对他们负责"；对八中的责任，"八中的今天是多少代领导、老师干成这样的，我们有责任让它越来越好！"

与左老师的交谈看似闲聊，却对我触动很大，可以说与左老师的接触和交流潜移默化地改变了我。于是，我正式拜左老师为师，去听他的每一节课，积极地去钻研业务，努力提高自己的教学水平。几年下来，我体会到左老师的课有几大突出特点：

一是有着极强的系统性、结构性。左老师的每一节课，都会首先构建一个知识的结构系统，介绍本课知识在这一系统中的地位，使学生明确本课知识与其他相关知识的内在联系，理解历史事件的发生有其内在的逻辑因果，认识历史发展存在的规律性。这不仅有利于学生对知识的记忆，也未尝不是对学生核心素质的培养。

二是通过细节加深对知识的理解。对于一些教学中的重点难点，左老师会经常引导学生理解教材中的某句话，对一张插图和地图进行分析，还会针对某一问题讲一个历史故事，这个故事不仅能说明问题，还通常生动有趣、令人印象深刻。现在回忆起来，在当年那个没有多媒体设备的时代，他的课依然是那样丰富多彩。

三是不断与学生进行交流互动。左老师上课很少站在讲台上，而是漫步在学生的座位之间，时刻关注着每一名学生，随时向身边的学生提出问题，引导着学生的思维处于一种活跃状态。最令人佩服的是，他熟悉每一名学生的学习能力和水平，乃至性格和爱好。虽说主要是教师在讲授，但学生的主体地位无疑是非常突出的。

四是善于把握课堂教学节奏。左老师讲课不紧不慢，娓娓道来，经常会听到这样的提示语："这个问题大家都看看书上是怎么说的""大家现在都抬头注意听我说""这个问题可不可以这样说""下面把我这段话记在笔记本上"……有讲述、有阅读、有分析、有落实，充分发挥了教师的主导作用。高三学生经常说，只要听左老师的话，跟着左老师走，历史就没有问题。

左老师的教学风格对我影响非常大，我在后来的教学中一直在学习揣摩。后来有人听了我的课，说我已经具有师父的教学风范了。我听了以后虽然很高兴，但内心还是很惭愧，在很多方面我学的还是很不够。左老师在我心目中就是一座高峰，许多东西也许终其一生无法学到。

在跟左老师学习的过程中，左老师给我提了个小目标——拿下一届高三教学。有左老师的鼓励和支持，加上又听了左老师一年高三的课，我也有了一种跃跃欲试的感觉。1998年我教了自己教学生涯中第一届高三文科毕业班。在这一年中，左老师虽然不教高三但却与我一起备课，这使我心中更加有底了。在我们师徒共同的努力之下，在1999年的高考中八中文科班的历史平均分获得了北京市第一的好成绩。

事后才知道，我这一年的高三教学是涉险过关的。原来由于在第一学期的考试中成绩不理想，学校曾经有了中途换老师的想法。但是几次找左老师去谈，都被左老师断然否决了。后来才想起，为什么左老师常对我说："抓好自己的教学，不要想其他的！"而由于对高三工作的不了解，我当时竟然完全没有意识到，这是师父顶着压力，在为徒弟遮风挡雨，撑起了一片蔚蓝的天空。

就在我正在庆幸自己没有辜负师父的信任与期望时，左老师又给我提出了一个新的目标——拿下一届高三班主任。对此，我有很强的畏难情绪。之前我的班主任工作做得并不好，于是自认不适合做班主任，避之犹恐不及，更不要说高三毕业班的班主任，那是要担负起巨大的责任的。正当我找师父诉说时，左老师笑着说："我来给你当副班主任！"我当时就无话可说。当时左老师已到了退休的年纪，他这是要在离开八中前，将年轻人"扶上马，再送一程"。我还有什么推脱的理由呢？就这样我在 2000 年寒假接手了 2001 届文科班的班主任工作。

在此后的一年多时间里，师父不断向我介绍班主任工作经验，帮我分析学

2001 届高三文科班毕业照（张爱民 / 供）

生情况，为我的工作出谋划策。我不仅消除了畏难情绪，适应了班主任的工作节奏，甚至已经喜欢上了班主任的工作状态。在 2001 年的高考中，这届文科班取得了辉煌的成绩：学生高考总平均分达到 551 分（超过当年本科一类录取线近百分），包括历史在内的五个单科的平均成绩全都取得了全市第一。全班三十六名同学，全部考入了一类本科大学，其中 8 人考入北大、1 人考入清华，另外还有十几人考入人大、复旦、北外、政法、北师大等全国著名高校。

也就在这一年，左老师退休了，我又承担起了八中史地教研组长的工作，最终完成了左老师所设计的接班任务。我经常会想如果没有左老师的帮助，自己会是怎样一种状况？左老师在从教的过程中，不仅影响着所教的学生，同时也影响着身边的老师。像我这样受到左老师帮助和恩惠的老师还有很多，其中就包括了我的同门师弟马景林，他现在已经是北京四中的校长了。至今在八中与左老师有过接触的人，在谈起左老师时无不交口称赞。左老师当组长时的史地组老师们至今还保留着一个传统，就是每年的大年初五都会相约一起去看望左老师，这一传统已经持续二十多年了。

左老师还为八中留下了另一个传统，那就是高考前的大自习模式。在离高考十五天左右的时候，复习课已结束，应该怎样安排这段时间？当时主要有两种做法：一是继续上课直到高考前两三天；二是把学生放回家自己学习。以前八中采取的就是第二种做法，这对于八中的大多数学生来说是有利的，学生可以根据自己的情况进行复习，更加有针对性地对所学知识加以消化、吸收和整理。但一些学生的自觉性不够，把握不好作息时间，学习状态不佳。左老师在发现这一问题后，就把部分学生叫到学校，为他们提供了一个自习的场所，陪伴他们进行自习。这一做法对文科学生特别有效，最终这些学生在高考中都有了超水平的发挥。

我在教 1999 届高三时，左老师把这一做法传授给了我，并且建议增加人数，凡有意愿的均可参加。在征得班主任同意后，我让学生主动报名，结果学生报名踊跃，几乎全班参加。到了2001届时，我当班主任，大自习更是全班一个不落地参加了。当时马景林任八中副校长主管高三工作，他想把这种做法推广到全年级，于是也组织了理科班一些基础比较薄弱、自觉性不够强的学生建立大自习班，以便考查这一做法对理科生是否也有效。我们还一起完善了一些细节，借用运动队准备重要赛事时的叫法，称之为"封闭集训"。

每天从早八点到晚九点，学生都在自习室自习，形成了一种浓厚的学习氛围，学生学习的专注程度非常高，许多学生认为这是自己上学十二年来最认真的一段学习时间，这也无形中缓解了学生高考前的心理压力。在这期间，教师的陪伴对学生心理是非常重要的，但辛苦也是不言而喻的。特别是在周六日，整个学校有时就我和马景林在，此时最记挂我们的就是左老师了。记得一次晚饭时间，我们接到左老师的电话，约我们去学校旁边的小饭馆吃饭。我们一进门，就看见餐桌上已经摆上了热腾腾的饺子，左老师坐在那里低头认真剥蒜。这一场景深深地印在了我们的脑海里，多年之后我们还经常谈到此事。

在2001年的高考中，不仅文科班取得了优异的成绩，理科班参加"封闭集训"的学生成绩也都比以前有了较大的提高。于是从2002年开始八中高三的大自习就全面实行了。每年高三大自习开始时，我都会不禁想起左老师。

退休后的左老师并没有闲着，而是在教育教学中继续贡献着光和热。2001年，左老师去了北京八中怡海分校，作为年级组长，通过三年的努力把这所私立学校的第一届高中年级，带成了高考成绩排名前列的一届。此后左老师一直担任怡海分校和39中学等多所学校的教学顾问。

在八中，左老师退休后的一项重要工作就是帮助做学生的思想工作或者叫心理辅导。

首先是能激发学生拼搏的斗志。后来的高三大自习开始前，我常会请左老师来给学生作动员。左老师以他多年的教学经历以及通过许许多多生动的案例，告诉学生每个人都是可以靠自身的努力创造出奇迹的。每次动员都能起到

2019 年左玉祥老师为八中高三文科班学生做大自习前的动员（张爱民／供）

很好的效果，学生能够以坚定的信心和昂扬的斗志，进入到一种全身心投入、物我两忘的自习状态中。

其次是能解决个别学生的心理问题。通过谈话，左老师能很快地发现学生的问题所在，然后针对学生的问题，或是帮助学生加以解决或是提出解决问题的方法和建议。2019 届文科班有一位学生极为厌学，也无法集中精力，老师们拿她都没有办法，于是我想到了左老师。在给学生作完大自习动员之后，我把这位学生领到左老师面前。在短短不到一小时的时间里，这名学生泪流满面地表示她要克服自己的缺点，争取在高考中取得好的成绩。后来她的学习积极性确实有了很大的提高，高考成绩也超出了她平时的水平。

再次是帮助学生养成良好的学习习惯。在长期的工作中左老师形成了一套完整的带学生进行自主学习的模式。通常就是带几名学生找一个封闭的环境，进行"封闭集训"。一方面培养学生学习的专注度，另一方面培养学生自主学习的能力。事实证明，这些培训都取得了良好的效果。后来八中的许多学生都接受过这种训练，其中 2016、2017 两届学生的参训人数是最多的。许多学生回忆起来都觉得受益很大，是自己人生中的重要经历。

左老师在八十岁之后，才开始逐渐卸去工作，安享晚年，但他还不忘关心教育、关心八中。我们与左老师相见，所谈也都是与之相关的内容。这反映了老一辈教师对其终身所奋斗的事业的挚爱，也是对我们后辈的期望与督促，更是我们要继承与发扬的精神。

衷心祝愿师父健康长寿，幸福快乐！

张爱民

我身边的教育故事

在八中的校园里，有这样一位老教师，如果你和他相遇，他一定会微笑着冲你摆手打招呼；如果你俩在二楼食堂门口相遇，他一定会主动给你让路，让你先行……不熟悉他的人，会觉得这位老教师是那么慈祥、那么谦虚、那么平和、那么淡然。熟悉他的人都知道，他是一位在工作岗位上默默奉献、不断超越自我的优秀共产党员，他是一位在同事和学生眼中才思敏捷、精力旺盛、和大家一起分享教育本义的优秀人民教师，他是一名适时充当"补丁"角色的"大救星"。他就是兢兢业业工作，淡泊名利，在教育教学上不懈探索、始终率先垂范的化学组特级教师——郑忠斌。

《高中化学新大纲》编写组成员，北京市高级专业技术职务评审委员会（生化组）主任，中国教育学会化学专业委员会副理事长，西城区中级专业技术职务评审委员会主任，首师大兼职硕士生指导教师等头衔是对郑老师在化学教学领域能力的充分肯定。他有丰富的学科素养，扎实的专业功底，更有符合新时代的教学理念。丰富的教学经历使郑老师对化学的各个知识点倒背如流，面对新课程改革，他潜心钻研新教材，广泛查阅资料，力求使每一节课都能体现新思维、新理念。他总是能针对不同的教学内容，用不同的方法激发学生的学习兴趣，化难为易。他是我们永远学习的榜样。

郑老师与人为善、乐于助人，他总是秉持互助协作、无私奉献的精神，热心地给予支持。郑老师虽然已经退休了，却依然奉献在教育一线，时刻准备充当"超级大补丁"的角色。在年轻的化学教师怀孕期间，为了减少化学实验对她的伤害，郑老师代替她上了所有的化学实验课；在化学竞赛课或者高三尖子生辅导急缺授课教师的时候，郑老师毫不犹豫地顶了上去；平时有化学老师生病时，郑老师总是说，"我可以去上课"。还记得刚来八中的第一个学期，我和臧建英老师需要上一节区里的公开课，对于新教师的我们来说特别紧张。郑老师和我们一起备课，一起准备实验，反复听我们的试讲课，反复帮我们修改，还帮我们吹起一个又一个小气球套接在试管上，防止二氧化硫气体逸出污染空气，伤害到学生和听课的老师。那一幕幕场景总是浮现在我的眼前，令我感动，催我奋进。这样令人感动的事情还有很多很多。比如，郑老师会将每年全国化学高考题、竞赛题整理、汇编、重新排版后发给化学组的全体老师，直到现在，一直如此。在与郑老师的交往中，你会发现他特别善于倾听，不仅表现在教学过程中倾听学生对于学习内容的疑惑、理解，还表现在对年轻教师的指导上，更体现在和同事的沟通中，他从不将自己的意见强加给别人。在知识面前，在问题面前，郑老师总给人一种平等的感觉，令人心悦成服。

不给别人添麻烦是郑老师为人处世的原则之一。郑老师的时间观念特别强。刚工作的三年，我非常荣幸，和郑老师在同一年级，作为徒弟，坚持听了郑老师三年的课。这三年，郑老师从没有落过一节课，上课从不迟到，下课从不拖堂，更不会额外加课，增加学生负担。其实，郑老师的社会工作很多，区里的、市里的，还有一些全国化学学会的事务。当这些社会工作要求郑老师不得不调课时，他总会提前调好课程，从没有因此耽误过一节课。"不落课""不迟到""不拖堂""不加课"这四个原则是郑老师提高课堂教学效率的法宝。而且学校的大小会议，他也从不迟到。他用自己的惜时、守时和巧妙用时生动地诠释了教师的职责，在学生的心中、在同事的心中，播下了珍惜时间、坚守职责的"种子"。

简约生活是郑老师的生活态度。例如，在纸张资源相对丰富的今天，郑老师用纸却异常节俭，他不仅双面使用打印纸，而且对身边的一点一滴都厉行节约。受郑老师的影响，八中化学教研组对旧版答题卡进行重复利用。一般情况下，每张答题卡有 100 多个板块，而每次考试只有 30 个左右的选择题，也就是说只会用掉 30 个左右的板块。如果每次考试都用一张答题卡，答题卡剩下的板块就全浪费了。在郑老师的提议下，每次考完试教师都不将答题卡发给学生。如果有学生对自己的答案心存疑惑，教师便拿出答题卡来查一查，而若没有问题就都保存在教师手里。下次考试时，教师会按照名字将答题卡一一发到学生手里，让他们将此次试题的答案写在没有用到的板块里。在这种原则下，每张答题卡可以重复利用三四次，答题卡的背面还可以让学生默写方程式。长期这样坚持下去，也能节约很多纸张。这不是一个很大的事，一张答题卡可能只有几分钱，但是它体现的是郑老师的一种生活态度。

以生为本、因材施教、专心教育是郑老师的教育理念。针对不同能力层次的学生，郑老师很注意保护和发展他们的兴趣。在保证他们学好课上知识的前提下，对学有余力的学生，他就会给他们一些额外的辅导和鼓励，让他们对化学学科的兴趣更浓。在他看来，教师在这类学生面前扮演的角色十分重要。对于不爱学习化学的学生，他认为没有必要非要求他们将化学学得很优秀，但他会要求他们具备基本的化学常识，要求他们在学完化学这门课时能顺利通过考试、不影响毕业。对于那些对化学学科兴趣一般的学生，他也会积极引导他们对化学产生兴趣。

公平对待学生，对学生宽严有度是郑老师的教学态度。郑老师用他公平无私的爱滋润了每一个学生的心田。对于学习成绩名列前茅的学生，郑老师从没有给予他们任何"特权"。对于班中的后进生，郑老师给他们充分的尊重与关心，为他们提供发言机会并耐心倾听，重视他们的提问并给予认真解答。他对学生说："你们有什么问题可以随时来问我。"他是这样说的，也是这样做的。他几十年如一日，用真心、真情善待每一个学生，对学习困难以及学习习惯不好的学生付出了加倍的爱、理解和尊重。郑老师待人温和，很少发脾气。对于学生非原则性的犯错，他会耐心与学生沟通，语重心长地教导，不似批评却胜似批评，温暖、和气换来了师生关系的和谐。但是，对于原则性的错误，郑老师会直接指出。比如做实验要有严谨的态度，做实验一定注意安全，不得有半点马虎等。学生从郑老师那里不仅学到了知识，更学会了要踏实细心，关爱他人。郑老师真诚地理解、尊重、信任和爱护学生，使学生心悦诚服地接受教师的批评。

坚持"少而精"的课堂，渗透化学学科的生活和社会价值，力主学生是学习的主体。郑老师重视考纲和教材的研读，他巧抓核心，带领学生构建知识网络，写出思维导图，发挥学生的主观能动性，培养学生的自学能力。郑老师的课堂通常分为三个阶段：一节 40 分钟的课，他会用 5 至 7 分钟让学生读书，主要读当天要讲的内容；3 至 5 分钟的时间用于学生讨论或提出看书过程中不明白且需要老师讲解的问题；在 25 分钟的讲课时间里，他主要解决学生自学过程中遇到的难于理解的内容，而对学生读书就能明了理解的内容就不再讲授。每节课末尾，他还会留 3—5 分钟作为机动时间，用于学生的提问和答疑。在 25 分钟的授课过程中，郑老师会巧妙地从生活现象、生活事件中提炼出化学问题，让化学学习内容来源于生活，引导学生将化学学习内容运用到对生活现象和生活事件的分析和解释中，让化学学习内容服务于生活。这样学生就会感受到化学学习内容并不陌生，体验到"化学就在我们身边""生活中处处有化学""化学很有用"，进而增强学生学习化学的兴趣和积极性，从而对所学内容理解更加深刻，记忆更加牢固。

这就是郑忠斌老师，他用心、用情、用爱践行着自己的教育本义，是我们学习的榜样！我们为他的奉献所感动、所温暖，并在这种温暖的感召下将助人与奉献的大爱薪火相传，投入到教书育人的伟大实践中。

王竹红

第三篇 启智润心、因材施教

—— 优秀在于境界，价值在于成就

启智润心、因材施教的育人智慧是教育家精神的本质要求。"优秀在于境界，价值在于成就。"这是王俊成校长送给八中师生的一句话——境界高远才能智慧通达，成就他人方显出彩价值。启发智慧而不灌输，滋润心田而不冰冷，以学术造诣开启学生智慧，以人格魅力呵护学生心灵，因材施教，尊重个体差异，让每一个孩子都有人生出彩的机会，让每一个学生都健康成长。

体育课堂上的"迷你世界杯"

在操场一片狭小的场地上，正在进行 3V3 的班内足球赛，场上比赛胶着，场下有担任裁判的，有负责计时的，还有的像教练一样指挥着跑位，场上场下的同学们无一不沉浸在激烈的比赛中……这一幕给我留下非常深刻的印象。通过体育课让学生掌握一项运动技能，享受运动的乐趣，接受挫折教育，实现学、练、赛一体化，这不正是中学体育改革的目的和方向吗？

经了解，该比赛是学生从课堂的专项练习中衍生出来的，这是学生们自发组织的联赛，有裁判、有赛程、有荣誉，学生们内心对该联赛非常认可。在之后的课堂上我仔细观察并研究了这个比赛。每届联赛有 4 支参赛球队，每队 3 人，队长由班中实力较强的学生担任，其他队员通过抽签决定。获得冠军的球队有权利连任队长职务且不进行换人调整。小组赛程也通过抽签决定，输的争夺季军，获胜的争夺冠军。每场比赛上下半场共 8 分钟（不计伤停补时），决赛时长为 10 分钟。赛后根据技术统计评选出"赛季金靴"与"赛季金手套"，并颁发冠亚军奖杯等。裁判和计时员由没有比赛的队员担任，依次循环。

这不就是课堂上的"迷你世界杯"吗？学生们喜欢世界杯，又勇于尝试模仿，还能落地实施，作为他们的体育老师，我倍感欣慰，更让我感到欣喜的是班里那几名淘气的同学也被这个联赛吸引，在比赛中他们非常专注。还有两名身体素质差、运动积极性不高的同学也参与其中，他们先是从守门员做起，从眼神中就能够看出他们乐在其中，课下他们也开始主动踢起足球。在之后的课堂上，我尝试用"迷你世界杯"来调动学生的课堂积极性，与学生做好沟通，允诺他们只要完成课堂上布置的任务就可以用更多的时间来进行比赛。如此一来，班上几名淘气的以及之前两名兴致不高的同学在课堂上都表现得越来越好。一方面是他们自己想参加比赛，另一方面是同学之间的相互约束。"迷你世界杯"使课堂氛围越来越好，同学们的集体意识得到很好的培养，课堂效率明显提升。

既然是比赛那就有输有赢。操场上能听到进球后的欢呼声，能看到模仿球星进球后的庆祝动作，还能看到有的学生对自己没做好防守遗憾得捶胸顿足以及输球后的悲伤。有一次，课堂上出现了这样的一幕。"马老师我们队夺冠了，啊啊啊，我们太强了……"小赵同学兴奋地喊着。小党同学这一队则低着头闷闷不乐，见状我便把这几名同学拉过来聊了起来："没事儿吧，刚那机会挺好的，可惜了……输球怎么不难受，难受只能说明你想赢，那种意难平和不甘恐怕只有自己知道，老师也是这么过来的，这些经历会让你在后面的比赛中变得更加坚强，足球解说员贺炜老师怎么说来着，人生当中成功只是一时的……来，小党，你接着说。""人生当中成功只是一时的，失败却是主旋律，但是如何面对失败却把人分成了不同的样子。有的人会被失败击垮，有的人会不断爬起来继续向前，我想真正的成熟应该并不是追求完美，而是直面自己的缺憾，这才是生活的本质。"小党同学情绪逐渐好转起来。小欧同学补充道："罗曼·罗兰说过，这个世界上只有一种真正的英雄主义，那就是认清生活的真相并且仍然热爱它。"贺炜老师诗一样的足球解说深受球迷们的喜爱，引用这段话更多的是为了与学生共情，转移输球后的难过情绪。我也抓住育人的机会适当地对学生进行了引导："为什么会输？是体能不够？队友之间没有沟通好？还是在攻防战术上布置有问题？你们要找到输球的原因并去努力克服它，为下一届联赛做好准备。"一番互动之后，从他们的眼神中，我看到了下一届"迷你世界杯"精彩对决的画面。

　　有一次我布置了作业：你认为这个联赛的优势在哪？不足在哪？你有什么好的建议？在收上来查看作业后我非常感动，学生们说出了自己内心的想法，有些真是出乎我的意料，这为"迷你世界杯"的发展提供了方向。我也以此为抓手充分发挥该联赛的作用，提升了课堂质量。这些学生在兴趣的引导下逐渐掌握了一项自己喜欢的运动技能，为终身体育打下基础，更重要的是通过这项运动学生养成了正确的胜负观和健全的人格。

马高阳

摇动一棵树　以爱育花开

德国教育家雅斯贝尔斯说：教育的本质意味着一棵树摇动另一棵树，一朵云推动另一朵云，一个灵魂唤醒另一个灵魂。我很喜欢其中的哲理，所以在教育过程中，我总是在思考我应当如何去摇动，去推动，去唤醒那个灵魂。我希望我能给学生足够的爱与包容，以激起他们对周围人的爱。但是，我却从没思考过，为什么是树摇动树，而不是树推动云，云唤醒灵魂。和学生的相处过程帮助我对教育有了更深的理解。

小树同学是我们班一位特殊的孩子，他有自闭症，容易情绪激动，与人交往困难，父母在他很小的时候就离异了。作为他的班主任，我提前对他进行了保护。在老师们向我反映他没有礼貌时，我帮他解释，并教育他要考虑别人的感受，要遵守学校纪律。我信心满满，以为我的各种关爱能治愈他。但他似乎并不领情，之后发生了严重的问题……

高一上学期临近期末，小树压力较大、心情烦躁，独自在校园砸鱼池中的冰，之后用石头扔向旁边的一位不认识的女同学，把周围人都吓坏了。事后他也特别后悔，也意识到自己的行为不对。最后，学校决定对小树同学给予警告处分，并召开班会通报批评。

这件事让我非常痛心难过，我找到心理陈老师、王老师和年级团队进行沟通，她们带给我很多启发。如果说"爱"是做好班主任工作的情感基础，那么"了解"便是做好班主任工作的方法之源。"爱"是"了解"的根基，"了解"是"爱"

的升华。想要摇动这棵树，我们就需要先成为一棵树，去理解学生，去了解学生需要什么。每一个孩子都是正在成长中的树苗，不论他是多么特殊的孩子，或是有多么大问题的孩子，他们每个人内心深处都有被尊重、被信任、被理解、被接纳、被支持的需求。

之后，我以"心怀尊重，友善待人"为主题开展了班会。首先，我和同学们还原了事情的经过，并表明我的的态度：小树同学行为错误、影响恶劣，我们对对方同学感到抱歉。他的行为违反了校规校纪，所以请学生处老师宣读了学校处分，并进行通报批评。之后我说虽然小树同学在这件事上的行为非常不好，但是并不代表小树同学就是不好的，并肯定了他真诚道歉的行为。接下来我又请小树同学来和大家分享一下这件事中他的感受。令人欣慰的是，小树同学的发言不仅包含了真诚的道歉、坚定的保证，还有对这件事的剖析以及如何避免再次发生的措施。

接着我走下讲台，来到同学们中间，和同学们说，我们是一个友善的集体，小树同学是我们这个家中正在成长中的一员。他给我们带来了诚恳的反思，我们也要给他成长的空间和温度。我鼓励其他同学能送给他一些话，给他一些祝福。班里有好几名同学主动站起来，给予小树同学信任，并表示愿意帮助他一起成长。一时间，一棵树的周围有了一棵，一棵，又一棵树。

后来，变化悄无声息地发生着。一年半过去了，小树同学遇到老师会主动问好了，做了错事会主动说对不起。区运动会时他代表学校参加 5000 米长跑，获得区第四名。在一次跑操时，我们班负责举班牌的同学生病没来，小树同学主动跑去拿班牌，看着他举着班牌，带着队伍，昂首挺胸奋力奔跑的样子，我也不自觉得嘴角上扬。

和小树同学相处的过程，让我懂得教师的爱是了解学生的桥梁。但是，只有父母般浓烈饱满的爱还不够，更该有教育之爱的科学理性，理性的爱需要遇到问题先问"为什么"，再问"怎么办"，需要和学生平等对话，换位思考，理解他们的处境，了解他们的需要，以及判断这种需要的合理性。如果学生的情绪和需要是不被理解的，我们只是说教，哪怕是真理，学生也很难接受。只有当我们也成为一棵树，平等地发生共情时，我们才能接纳孩子的情绪，接纳了孩子的情绪，才能被孩子所接纳，才能看到亲师信道的产生，才能达成良性互动的效果。同时，教育也从来都不能只靠一个教师的力量，同学、家长、团队老师、心理老师都是很好的资源，需要协调各方，通力合作，用智慧创造更多的树。所以，我明白了为什么雅斯贝尔斯说，是树摇动树，云推动云，灵魂唤醒灵魂。教育是一个启智润心、因材施教的过程，愿我们也能化身成那棵树，守护着、引领着我们的树苗，开出明艳的花，结出丰硕的果实。

张晓蓉

星辰大海　笃行致远

每每送走一届学生，我就会想起一位往届毕业生的留言："英语为我们打开了一扇宽阔的门，让我能有机会去体会这世界，体会更多的美，体会包含在这世界上的爱与希望。"我想正是因为有着这样的目标与希冀，我们才能坚韧而从容地面对繁重而琐碎的教育教学工作，在遇到困难时不退缩、不慌张，用微笑去包容、理解和面对。在这里，我想用三句话来回顾和总结一名从教 25 年的普通英语教师的心路历程。

第一句话：Shoot for the moon. Even if you miss，you will land among the stars. **起点高，落点实；立志奔月，群星为伴。**

这是用来激励学生也是激励我自己的一句名言，同时也是我在教学中启润心智，帮助学生体会语言之美、感受语言神奇魅力、领悟英语学习真谛的一句话。在给每一届初一新生上第一节英语课做自我介绍时，我都会把这句我最喜欢的名言分享给孩子们。当我问他们这句话的中文意思时，有的学生说，"向月亮射击"，有的学生说，"向月亮开枪"，因为他们知道 shoot 有射击的意思；还有一些学生持反对意见，他们说："为什么向月亮开枪呢？打也打不到呀。"三言两语，讨论就此展开。刚刚迈入中学大门的他们自然而然地沉浸在对英语语言的好奇和向往当中。我告诉他们："别忘了关注语境，'shoot for'有'以……为目标'的意思。"孩子们马上举一反三，金句频出，有的翻译成"立志奔月，纵然失之交臂，也得以与群星为伴"。有的翻译成"上天揽月吧，即使错过目标，你也会跌入繁星之中"。有一个孩子说："求其上，得其中；求其中，得其下；求其下，必败。"在思想火花不断地碰撞中，学生更深刻地领会到其中的深意，那就是要有远大的目标和志向，而这初中的第一节英语课也在他们的心中留下了深深的烙印。记得在与2018届毕业生重聚时问到他们最想听常老师说的一句话是什么，他们毫不犹豫地说："Shoot for the moon. Even if you miss，you will land among the stars."

第二句话：Love loves to love love. **因为爱，所以爱；爱我所爱，无怨无悔。**

我想用这句话表达的含义有很多重：对老师来说就是对教育事业和教师职业的热爱，更重要的是对学生的爱，并以此来激发学生对英语的热爱。从学生的角度来说，我们希望给所有不喜欢英语，或对英语学习有畏难情绪的学生一个爱上英语、爱上英语学习的理由，而这个理由就是老师的爱、理解和包容。记得一位老教师曾经说："我们就爱他们，全方位地爱他们，从学习上、思想上、生活上、心理上爱他们，爱得他们不好意思不学英语。"

时间回到2020年中考英语听说考试之前的两个月，我一到办公室就看到一个男生手里紧紧攥着一沓子中考词汇材料在门口徘徊，看得出来他很焦虑，他是学校的长跑运动健将，但是用他的话说英语学习比跑马拉松都难，多次模拟考试他的成绩都不理想。然而我知道他是一个坚韧且有上进心的孩子，也理解他的志忑，此时他最需要的是全身心的信任和无条件地支持，帮他树立信心且在放松的状态下备考，所以我没有对他进行说教或是直接给他建议，而是问他："你希望我怎么帮你？"他说："常老师，我想每天找您读单词可以吗？"我毫不犹豫地回答："没问题，你有时间可以随时找我，但要坚持，就像跑马拉松一样，坚持到最后。"自此，我们开始了两个多月的"单词马拉松"，在课间、午饭后、晚自习前、放学后、夜深人静时这些零碎的时间里，他一遍一遍地读，我一遍一遍地帮他纠正发音，已经数不清中考1600词汇读了多少遍。每次他想打退堂鼓的时候，我就鼓励他："马拉松跑了一半不能放弃！"随着模拟考试成绩的提高，他越来越自信，从最初的不得已而为之，到主动对我"围追堵截"。中考英语听说考试前的一周，他每天两次主动找我朗读单词，甚至把高中的 3500 词汇也朗读了几遍。在一周后的考试中，这名同学取得了几乎满分的成绩，他激动地向我汇报成绩，从此对英语学习信心满满。

第三句话：Time will bring you your reward. 光阴定会眷恋我们的付出。

这句话是我信念和力量的所在，要坚信教育的力量，正如德国哲学家雅斯贝尔斯谈教育本质时传达给我们的概念一样，教育真正的价值是一种启蒙、一种唤醒、一种打开、一种点燃、一种开悟、一种得道，我们坚信我们所做的一切，就是让教育成为一场"最美的遇见"，在学生最美好的青春时光里，为成就他们美丽人生的一场遇见，而这一段遇见必将会在他们未来的人生中发出最耀眼的光芒。

最后我想用送给每一届毕业生的一段引语作为结束语：

Beautiful faces are they that wear

the light of a pleasant spirit there ；

美丽的面庞洋溢着令人愉悦的光辉；

Beautiful hands are they that do

deeds that are noble good and true ；

美丽的双手做出高贵和真诚的善行；

Beautiful feet are they that go

swiftly to lighten another's woe.

美丽的双脚迅速减轻他人的痛苦，无所不至。

希望在我们的努力下，所有的孩子都能成为"beautiful people"（美好的人），拥有属于自己的一片美丽星空！

常丽华

以爱为舟　静待花开

雨果曾说："花的事业是尊贵的，果实的事业是甜美的，让我们做叶的事业吧，因为叶的事业是平凡而谦逊的。"雨果的话语虽道出了教育事业的真谛，却并未点明一个残酷的现实——每朵花最终能否开放？花期不同的情况下，为师者的"绿叶"能否绿得依旧平凡而谦逊？

秋风习习初相识

2022 年 9 月学期伊始，我关注到了班上这样一个女孩——长相可爱，水灵灵的大眼睛闪烁着光芒，爱笑的她好似一个明媚开朗的"小太阳"。但随着学期进程的推进，我发现"小太阳"的各个学科基础十分薄弱，并且对于自主学习也有很大的怠惰心理。对此，她的父母十分焦虑。"小太阳"的母亲是海军方面的高级工程师，对孩子习惯于高标准、严要求；父亲也从事海军相关保密工作，常年出差上海，对于孩子的教育更是鞭长莫及。因为父母年岁稍长，与孩子的沟通不甚得法，加之孩子正处于叛逆期，家中母女的关系一度剑拔弩张，而远在上海的父亲因焦虑孩子的学习状态，也加入了对孩子"高标准、严要求"的行列，这让孩子更为抵触。

冬风凛凛现问题

2022 年 11 月，因北京疫情加重，全市中小学开始线上学习。12 月底的一个周日清早，我接到了孩子父亲的四条长语音。起因是英语口语考试，孩子不听劝告，练习并不充分，草率了事。裸考的结果可想而知，这让家中的母亲与孩子的关系跌至冰点，孩子在期末复习的关键阶段干脆"罢工"。母亲无奈之下向父亲求助，父亲则希望我能介入，以"线上家访"的名义对孩子进行引导，让孩子早日进入复习状态。孩子父亲称自己近乎一夜未眠，倾诉中透露着身为父亲的心酸、无奈、焦虑与恳求。

事发紧急，又处于特殊的线上学习时期，我深知如果自己在处理过程中言行不当可能会给这个情况特殊的孩子与家庭造成很大的影响。于是，我在第一时间和年级报备，明确了和孩子沟通的宗旨与方法后，立即草拟谈话稿、预定腾讯会议室。当日中午，孩子父亲因有任务紧急上舰，我与孩子、母亲如约开展了一次"线上家访"。

线上桥梁解心结

会议开始，我没提考试，没提要求，更没提家长的反馈，而是抛出了三个问题：这段时间上网课感觉怎么样？觉得自己哪些地方做得还不错？在家的网课学习，自己有哪些难处或者需要帮助的地方？孩子听了，立刻放下戒备，笑着打开了话匣子。见状，我抓住机会引向前不久的一次班会课，问孩子：面对近来多种"不可控"的事情，我们更应该做些什么？孩子转了转眼珠说："班会课您说要有止损心态，所以做点自己有把握、能掌控的事。"我竖起大拇指表示赞许，接着启示她之所以要"止损"的原因，是因为从长远看，特殊时期过后，我们还要有一个后续正常的发展。就好比我们现在是跑步，跑步过程中，遇到问题了，依然需要借助惯性，顺畅地跑完全程。现在我们的步伐可以慢一点，但不能停下脚步，还得接着跑。孩子听了，没有说话，但若有所思。

随后，我顺势引导：人都是要不断发展的，作为学生，所谓的发展就不仅是顺利完成这个期末的学业，发展更是长时间的事。从自己成长的长远角度，你觉得应该为你自己做些什么？孩子犯了难，显然她对这个问题并没有过深入的思考。良久，她不自信地说："要努力学习，上好每一节课，还要拓展一些知识面……"我立刻给予肯定，并引导她，现在就要奔着未来的心中理想，制定阶段性的目标，自己管理自己，一步一步去做，再一点点调整。只有认定心中所想并自发地付诸努力，外界的要求才不会成为束缚自己的高压，毕竟我们都渴望过上理想的生活，而未来有能力者才具有选择的权利。

尽管孩子最近的表现的确不尽如人意，我还是撷取了她课堂上的两个"高光时刻"，向孩子母亲进行细致描述，听罢家长和孩子都觉轻松不少。我让孩子总结了这次沟通的几个要点后，她的眼里多了些光芒，会议便在我们双方的忐忑中结束了。

家校联系增合力

会议结束，家长便发来反馈："多谢李老师。会议一结束，孩子马上就去写作业了。李老师温柔中透着关爱和力量，孩子很接受，佩服。"看罢，我松了口气，却深知自己担不得如此高的评价，也深知家长口中的"关爱和力量"绝非解决问题根源的一劳永逸之法。同时，我更深知，对于因孩子所处的特殊生理阶段和家庭环境造成的问题，根本没有一劳永逸之法。对家长之前透露的寒假准备"大撒手"的决定，我在会后也给予了温馨提示：青春期的孩子虽然渴求自由，却不具备真正的自我管理和约束能力，家长和老师唯有时而要求、时而加以引导，多听听她的想法，慢慢摸索。当前阶段，让孩子知道学习和发展都是自己的事很重要，否则外界约束并不具备效力。此外，我也表示仍会持续关注孩子，但唯有当家庭教育和学校形成合力，孩子才会获得更好的发展。家长也表示，会努力再想办法引导孩子。

此后，我如约做到了"持续关注"。我会多观察孩子的课上表现，把孩子的进步点滴及时告诉家长，也会关注孩子在学业规划管理本上的心情动态，适时写下我的学习建议。对各种考试的失利，我也宽慰家长，这非一朝一夕之功，要肯定孩子在自身基础上一点一滴的进步……孩子顺利度过了期末复习阶段，参加了期末考试。虽然成绩仍有极大的进步空间，但既无"一招制敌"之法，就全力做好我们该做的事，暂且享受"牵着蜗牛去散步"的过程吧。

回到文章最初的问题。每个孩子都是一粒花种，只是不同鲜花花季不同罢了。为师者若能运用教育智慧因材施教，用爱与温暖持续关注与感化孩子，让每朵独特的小花体验开放的喜悦，那我们便可以无问西东，做一个幸福的摆渡人！

李凯旋

裁云剪水绘章句

——通过诗歌创作培养学生审美情趣的探索

2023 年教师节，习近平总书记致信全国优秀教师代表，阐释了中国特有的教育家精神的丰富内涵和实践要求，其中一个重要方面是"启智润心、因材施教"。所谓启智润心，是指选择恰当的时机对学生进行启发和引导，以润物无声的熏陶，潜移默化地涵养学生健全的人格。在此基础上，尊重学生的个体差异，让每个学生都能发挥潜能，发展优势，获得长足发展。

语文学科天然地承担着这样的责任，古今中外洋洋洒洒浩瀚著作，赋予了语文培养情趣、涵养精神、塑造品格的使命，而诗歌无疑是非常有效的媒介。陆机说"诗缘情而绮靡"，诗歌传达情感，触及人的心灵，可以润物无声地让学生获得情感的震颤与共鸣，获得美的感染与享受。

我所任教的少儿班学生，他们年龄小，思维活跃，尤其理科思维比较强，但是对语言的感悟能力，对情感的把握体察，对生活中美好浪漫细节的感受都比较弱。于是我尝试着在语文的诗歌教学中，以诗词之美涵养他们的性情，寻找合适的机会提升学生的审美情趣，让这些懵懂的少年能够获得感受美、表达美和创造美的能力。

在语文教材中，有很多流传千古的文章，它们文质兼美，韵味无穷，仅仅课堂上的讲解诵读其实并不能让孩子们充分体会诗文的美好，于是我尝试着开展诗词改写的课堂活动。比如在部编版八年级上册中有一篇张岱的《湖心亭看雪》，文章寥寥数语，以白描的简净手法描绘了一幅空明清净、寂寥渺茫的雪后图景，极具诗意和韵味。在学过这篇文章后，我设计了文改诗的活动，让同学们提炼文中典型意象并进行合理的组合排列，注意景和情的融合。孩子们在这样的活动中，选择意象，斟酌字句，创作出了不少佳作。

示例：

一山一水一孤舟，

一痕一点一亭楼。

一见一饮一邂逅，

一别一叹一腔愁。

同时，提取诗词的语言进行联句也是一种有趣且有效的形式。比如在学习柳永的《雨霖铃》时，我设计了联句改词的教学环节。让同学们从词作中选择意象，连缀成对联形式的联句。字句越少，语言越需要凝练，而想要达到与原作比较接近的审美风格，无疑需要同学们更深刻地体味词作，并创造性地连缀。

示例：

眼前长亭，耳畔蝉声，心头沉沉暮霭烟波阔；

樽中淡酒，筵上笙歌，梦里迢迢水路清秋长。

教材中的经典名篇总能如涓涓细流滋润着孩子们的心灵世界，而更广阔的生活里还蕴藏着更丰富多样的教育素材，我们也应发掘契机，启发学生心智，滋润学生心灵。

少儿班每学期都有外出游学、社会实践的机会，走入自然天地，进入社会课堂，生活给孩子们展开了更丰富的面貌，作为语文老师，也有更多的机会引领学生感受生活中的美，并艺术化地表达自己的体悟和情感。

我们在苏州园林、在云冈石窟联句，写藏头诗，把地名和看到的景物嵌入联句之中，在游玩中观察景物、斟酌字句。我们在兰亭吟诵《兰亭序》，在岳王庙齐诵《满江红》，在西湖寻觅湖山旧影，把眼前山川风物化作笔底大块文章。虽然每一次游学的文学活动略有不同，但是联句始终是我们师生交流、感悟自然和文化之美的固定项目。

每到一处景点，我都会根据眼前的景物和感受写一句上联，同学们拿到我的上句，需要斟酌字句，结合自己的体验对出下联。孩子们冥思苦想，斟酌字句的表情特别可爱，游学联诗也成了我们师生最美好的回忆之一。

示例一：

岩开红锦绣，水漾碧琉璃，满树金铃，梢头柿灯，皆是为谁而挂；（师）

石闭一线天，波平两明镜，漫天黄蝶，林间枫火，实乃为我而生。（生）

（游云台山作）

示例二：

风景异中原，谁把烟霞供养雨林，情酣椰岛？（师）

科学谱宏图，箭载壮志问鼎苍穹，梦圆太空！（生）

（游海口、文昌作）

示例三：

塔影在波，憨泉映月，松风桥畔卧听松风一枕；（师）

残荷浮水，花窗透日，狮子林里细数狮子九头。（生）

（游南京作）

示例四：

金乌焕彩神树流光，蚕丛纵目千年，一醒惊天下；（师）

玉璋浮光金杖耀目，鱼凫开蜀百代，三星耀文明。（生）

（游四川三星堆博物馆作）

很多毕业了的学生说，现在出去游览，也时常能想起当时冥思苦想创作联句的乐趣，我想这样的教学活动潜移默化地引导了学生关注生活细节，让他们获得了更敏锐地感受生活的触角，进而艺术化、诗意化地描述自己的观察，表达自己的情感。

少年情怀总是诗，中学学段的学生们正处在关注生活、表达情感、培养性格的关键时期。关注社会生活，用诗歌的形式表达情感也是学生素养和情怀的体现。

2021年5月22日，惊闻"杂交水稻之父"袁隆平逝世，我们在语文课上看了相关纪录片，同学们情感激荡，大家用诗歌表达了对国士的敬重和哀思。同学们的作品充满情意，令人感动。

示例：

亚洲之东，巍巍中华，屹立世间。见神州儿女，尽皆饱足，稻浪滚滚，万亩良田。先克杂交，后战盐碱，含辛茹苦几十年！辞名利，只谦卑平蔼，弯腰田园。

意志坚定如山，九十高龄仍在前。一国之栋梁，不畏艰险，当代神农，造福万千。壮志未酬载憾离世，人人闻之泪潜然。继火种，吾辈当自强，志存九天。

生活是语文更广阔、更丰富的教材，体悟生活，感受生活中的美和崇高，具备了这种能力，才是真正审美能力的提升，是对更高尚人格和精神境界的追求。

在八中，我的同事们一直致力于素质教育的研究和实践。对于语文学科，我想，以诗词润泽心灵，以创作点燃情感，用自然之美和诗意的浸润提高学生的审美素养，就是素质教育中完善学生人格发展的重要维度。启迪智慧，浸润心灵，让每一个孩子都有感受生活的敏锐触角，都有抒发感悟的热情，都有诗意表达的能力。

陈 京

少有人走的路

——给少儿班学生的一封信

×××同学：

你好！

昨天跟你谈话后，我心里久久不能平静。你问我的问题，其实也是我近些年在教育教学工作中常常思考却也时时感到困惑的问题。你说，你找不到学习的目标和动力，因为静观周围的成人世界，大部分成人孜孜以求的"房子、车子、票子"，你的父母都可以给你。你说，你就是别人口里"生在罗马"的那批人，但你也有自己的困惑。你说你不知道"到了罗马之后应该往哪里去"，也不知道作为一个"生在罗马"的人，未来还能成为一个怎样的人。

也许难以感同身受，但是我确实能感受到你的迷茫是真实而深切的。其实，在这些年的教育教学工作中，我能感觉到，越来越多的同学跟你有一样的困惑。国家富强了，社会发展了，我们很多小家庭也更加富足殷实。物质层面的满足一定会带来精神层面的更高需求，这是社会发展和人类进步的必然。你提出的问题很有价值，既是你个人更高追求的体现，也是我们新一代在社会国家发展进程中应当承担起的"时代之思"。我想和你说一说我的想法，就从一篇考场作文说起吧。

这篇文章，是一次单元练习时的考场作文，题目是《____改变了我》。这个作者，是咱们学校初中部2018届的一个学生，他的题目是《生病改变了

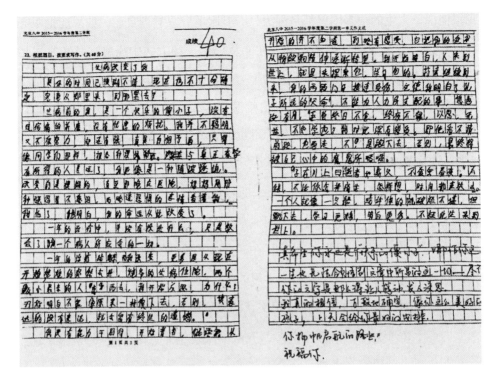

学生作文（毛炜炜／供）

我》。2013年，他生病了，很严重，此后休学治疗，其间几次病危。2015年9月，他死里逃生，复学回到了咱们学校，在初一年级我所任教的班上。这篇考场作文，记录了他生病后的心路历程。写这篇文章的时候，他14岁。

回到学校后，他学习很认真，但是两年多完全没有学习，想跟上也很困难。三年初中，他付出了比同龄人多得多的努力。2018年入学的时候，他以优异的成绩进入高一年级的实验班。

进入高一后不久，他有一段时间情绪很不好。晚上常给我发大段大段的微信，大致都是在说他不知道自己为什么要努力学习。因为在此之前，就像他在作文中写的那样，让他努力学习的最重要的原因是想要报答他的外公外婆。在微信里他跟我说，以前都是为了他们而坚持着，但是时间久了就会想，总不能一直为了已经去世的人而生活吧。后来有一次我们在操场上相遇，聊了很多。

我跟他说，人生的很多困惑都是因为只看到眼前，只看到自己。如果能把眼光放得长远一些，就会少很多烦恼。你能从那样一场大病中痊愈，其实是幸运的。获得这种幸运，除了你和家人的努力外，也有很多其他有利因素。但是也有一些跟你有一样遭遇的孩子，恐怕就没有这么幸运了。如果现在对你而言，为了已经逝去的人，已经不足以给你继续前进的力量，那么，你有没有想过要为那些还在艰难求生的人做点什么呢？

2021年，他高中毕业，志愿表里的专业只有一个——临床医学。最终，他考上了浙江大学医学院。前段时间他来学校，我正好不在没有见着他。后来从其他同学那里知道，进入大学后，在一众躺平放纵的同学群里，他是少有的仍以高三甚至超出高三状态在努力学习的学生。

这位同学，在他14岁写的这篇文章的结尾里，这样写道：

子在川上曰："逝者如斯夫，不舍昼夜。"不错，不论你怎样痛苦，怎样想，时间都在逝去。一个人就像一只船，或许你的帆破烂不堪，但飘下去，学习更多，明白更多，不枉此生来到这个世上。

七年过去了，他一直在践行他14岁时写下的属于他自己的生命箴言。在我心里，他一直是我最敬佩、最惦念的学生，也一直是给我很多力量的"老师"。他的故事有一点沉重，他的人生，因内心所想承担的责任，恐怕也很难轻松。作为你们的老师，尤其是你们的家长，看着自己的孩子，其实都不会愿意你们走上一条负重前行的路。我们语重心长，苦口婆心，絮絮叨叨，没完没了，不过是希望你们未来的人生轻松点、快乐点，少一点弯路，多一些选择。父母长辈的保护，总是没有止境的。但是×××同学，我们自己得知道，成长意味着自由，更意味着承担。14岁，就是一个分水岭，是我们为自己的行为负责的开始，是我们承担法律责任的开始，也是我们真正迈向成长成熟的开始。负有责任感，是会让我们的人生多一些负累，但是唯有承担起我们的责任，才能让我们明确看到人生的边界，有所为、有所不为，也才能让我们真正认清人生的价值，在于得到也在于施予。

这位同学走着一条少有人走的路，做着一些少有人会做的事。我一直坚定地相信，未来的他一定会看到少有人能看到的风景，抵达少有人能企及的人生境界。

从进入八中的第一天起，你们也就踏上了一条"少有人走的路"。在亲朋好友那里，你们可能都是传说般的存在，或轻松或戏谑地赋予你们"神童"称号的背后，是你们五年来切切实实、日复一日地拼搏和奋斗。如今，你们马上要面临高考的检验。高考之后进入大学，在一定程度上也就意味着你们走向了社会，走向了更独立的生活。这确实应该是一个全新的开始，应当是我们整装待发全力以赴的开始，是我们重新审视与自我调整方向的开始，是我们成为一个成熟的、独立的、有担当的成人的开始。站在这个节点上，我们也确实有必要郑重地思考：未来的我该走向哪里？该成为一个怎样的人？

踏上这段新征程时，我想跟你们分享三句话。

第一，知荣辱，懂感恩，做一个有温度的成人。

1934年，沈从文先生重返故乡，看到乡亲们仍然过着很艰苦的生活，内心很沉重，他说，读书人的同情，专家的调查，对这种人有什么用？若不能在调查和同情以外有一个办法，这种人总永远用血和泪在同样情形中打发日子……读书人面对这种人生时，不配说同情，实应当自愧。《湘行散记》距今已近百年，今天再看到他的这段文字，依然能与他回望故乡时那种温煦的目光相遇。他所谓的"读书人的自愧"里，不仅有他对故乡的深厚情谊，还有他作为一个学者的大荣辱观。

第二，高眼界，远胸怀，做一个有广度的成人。

前段时间在网络上引起热议的一位作家写过这样一段话："请不要把所有的努力都用于追逐个人的胜利，被优越环境所塑造出来的能力，不是为了凌驾于没有享受过同等资源的人们之上，而是应该运用这些能力来帮助他们。"×××同学，你们是同龄人中的佼佼者，是国家拔尖创新人才的后备军，未来也一定会成为各行各业的翘楚。这五年里，国家、学校、家长为我们提供了非常优质、丰富的资源，我们理应具备更高远的眼界和胸怀，运用我们的能力来帮助那些需要我们帮助的人。

第三，勇担责，善自律，做一个有力度的成人。

《少有人走的路》这本书里说："大部分的恐惧与懒惰有关。"是的，我们马上要面临一个很有力的挑战，杜绝考前的惶恐，需要我们在此前有充分的准备。现在能直面困难、勇担责任、努力自律，在面对问题和挑战时，才能够以坚毅、果敢的态度，从学习与成长中获益。勇于承担责任，敢于面对困难，是14岁后的必修课。

成长过程中难免有迷茫和徘徊，"迷雾"中的摸索有时会让我们裹足不前，日常生活有时又琐碎得让人泄气。但是，我一直相信，只要你们坚定地在这条少有人走的路上继续前行，一定会抵达甚至创造少有人能看到的未来。"一代人有一代人的使命"，时代的进步，家庭的富足，不应该是桎梏我们追求进步的枷锁。"眼里有事，心中有光"，在"天地""你我"中，创造属于我们这代人的"新罗马"。

亲爱的同学，勇敢地向前迈进吧！其实，你比你想象中更有力量，而世界也比你想象中更需要你。不论你们走得多远，飞得多高，老师们都在这里，静候佳音！

班主任毛老师

2023年5月

毛炜炜

拿什么奉献给你，我的学生

每当教师节，毕业生们都会回来看我，表达他们对老师的深情。有对曾经被关爱的感激，也有毕业后这些年对我的思念。每次我都会激动地想，冲着孩子们离校这么多年都还记得我，就应当在他们在校时竭尽全力地对他们好，为他们的成长而努力！所以，我常常对自己提出一个灵魂拷问——我拿什么奉献给你，我的学生？

虽说做老师要"学为人师，行为世范"，但真正的挑战并不在教书，而在育人。只有把育人作为终身的理想和事业，才配被学生称为"先生"，才当得起"一日为师终身为父"的尊崇。那么，我们该如何给学生以身示范呢？这就要回到一个最根本的问题，人这一辈子应该活成什么样子才算好？

真

我想，人生在世短短几十年，说真话，做真事，活成最真实的自己，才叫活得真好。所以，我从不在学生面前掩饰自己的缺点，总是很真实地表达自己。作为一个普通人，我有好吃懒做的一面，有听到别人的夸奖就沾沾自喜的一面……我也会告诉学生，任何一个老师都是普通人，上至孔老夫子，下至你们的老师，都不是圣人。我们只是你生活中一个普通的长辈，有优点，也有缺点。你可以见贤思齐，也可以见不贤而内自省。希望你"见贤"的时候，以我的行为为榜样；希望你"见不贤"的时候，也能够理解这是人之常情。连孔老夫子都率真到一边说"君子和而不同，小人同而不和"，一边却非常偏爱总是奉承他、从不说一个"不"字的颜回。何况我辈俗人呢？

我也从不在学生面前掩饰自己的脆弱。讲《我与地坛》时会为史铁生的母亲潸然泪下，讲《胡同文化》时会为自己家乡文化的衰落而黯然神伤……

一个老师，首先是一个真实的、有血有肉的、活生生的人，不要把他放到神坛上去膜拜，也不要因为膜拜的时候发现了他只不过是一个普通人，而怒不可遏地去道德绑架他。我的率真，甚至在学生看来都有点幼稚，但却丝毫不影响学生们对我的喜爱。

诚

《大学》里说，"正心诚意"是修身的前提，是做人的根本。所以，我对待每个学生、对待每件事情，都是非常诚实的。

学生上课接下茬、故意捣乱、恶作剧时，我不会一边暗中气得咬牙切齿，一边在表面上说，"我宽容你、原谅你，你今后改了就是好孩子"，而是会很诚实地告诉他："你的行为让我很生气。如果你想对一个朋友好，会给他捣乱拆台吗？如果你总是拆人家的台，你觉得人家还会继续对你好吗？"这是真诚地告诉学生应该怎样做人，怎样待人接物。真诚地告诉他，这个世界上没有人会像你父母一样无条件地爱你，你要用自己对别人的善意和温暖，换取别人对你同样的善意与温暖。

我从来不骗学生说这世界很美好，世界的丑恶我也会让他们看到。我会告诉孩子们，这世界上有存心"恨人有笑人无"的小人，有在你最需要帮助时落井下石的坏蛋，也有让你拼命努力之后却阴差阳错地没有获得应有的回报的不公平……但是，我们看到了生活的本来面目，却仍然要热爱她——这就是真诚。

我也会在学生面前诚实地承认自己的无知。有一次，讲《孔雀东南飞》时，一个小男生突然站起来问："老师，为什么孔雀东南飞是五里一徘徊，而不是三里、七里或者九里一徘徊呢？您说是虚指，那三、五、七、九、百、千不都是虚指吗？为什么单单用'五'这个数啊？"我一时语塞。是啊，为什么单单是"五里一徘徊"呢？我教了20多年书居然从来没有想过这个问题。于是，我的第一反应是诚实地告诉学生："老师也不知道。"然后，表扬了他深度思考的好习惯，也感谢他给我提供了一个挖掘教材的全新视角。接下来，我带着学生们一起猜测作者是如何从众多虚指的数字中选中"五"的。最后告诉学生，这仅仅是我们的猜测。胡适先生主张做学问要"大胆假设，小心求证"，现在我们已经假设过了，下一步就要本着严谨的治学态度去查阅相关文献，看看专业的研究者给出了怎样的解释。孩子们都很兴奋，第二天就有好几个孩子跑来告诉我他的查询结果。所以，老师诚实地面对问题和不足，反而会赢得学生的尊敬。

爱

我也奉献给了学生无限的爱与牵挂。2017届，我的学生里有11个孩子要离开北京去外地上大学。我担心他们太小，不能适应一个人在外求学的生活，于是开启了一个新的旅程：去他们所在的各个城市跑马拉松，一边跑马一边看望他们。

至今仍记得当我真的出现在哈工大校门口的时候，孟祥宇那惊喜的表情。他不敢相信，老师竟然真的信守承诺，打着"飞的"去看望早已毕业的他。

每到一所学校，我都要去看看孩子们的学习和生活环境。每次在图书馆门口登记的时候，大学的老师总是会问："这是你妈妈吗？"我的学生一边替我登记，一边淡定地说："不，这是我的中学班主任。"于是，我们一次又一次见证了管理员老师惊讶地瞪圆了双眼。

在上海同济大学，我执意要去参观一下"小胖子"施柯宇的宿舍，担心他像中学时那样把书包和桌椅周围都搞得一团糟。一进门，一屋子尴尬的同学齐刷刷地用异样的眼光盯着我看。于是，我不得不客气地打招呼，为打扰他们悠闲的生活而道歉。

记得去西北工业大学看望陈宇飞时，出租车从西安市区开出去快一个小时了，周围的景物越来越荒凉，我忍不住开始落泪，心疼这个14岁的孩子一个人跑到这么偏远的地方来上学（他是八中少儿班的学生，14岁上大学）。出租车司机看着我哭了好一会儿，才小心翼翼地问："大姐，你是去看孩子吗？"我说："不，是我的学生。"司机又问："您是西安铁一中的？还是高新一中的？"我说："不，我是北京八中的。"司机扭头看了我好几秒钟，才说："您专程从北京来看学生?!"

今年，该去四川大学和中山大学了，那里有我的三个小美女。等着我，我最亲爱的孩子们！

翁　莉

披荆斩棘　再创辉煌

2022 年高考，少 24 班平均分在全北京市名列前茅！我有几点体会。

认真备好每一节课

高三这一年每天备课到深夜，没有一天能十二点以前睡觉休息的。少儿班的孩子大多对课堂教学，对任课教师非常挑剔，尤其是对数学课，对数学老师。因此每一节课，我都花费极大的心血备课，力求节节课均为精品课，都能出彩。一名好老师，要用自身的人品、学识、授课艺术令学生折服，令他们陶醉其中。每节课，我都巧设"包袱"，暗藏玄机，环环相扣，希望能引人入胜。令精彩不断，令高潮迭起！因而每讲至"悬案"最终巧妙破解，会有学生在底下连喊"好啊！妙啊！"同时情不自禁地鼓起掌来。

跳水比赛，要想获胜，每一跳必须难度大、质量高，如此才能获评高分。上数学课也是这样，课的内容要有深度，而且老师不仅要讲得明白，更要讲得精彩，最好还有自己的绝招。我每讲一道难题，必先讲"标准答案"上的解法，一般步骤繁多、运算量很大，学生解起来出错率较高。当学生解起来感到枯燥无味，又难以下手时，我再抛出"独门暗器"，有如太极推手，四两拨千斤，总能令来势汹汹的敌人瞬间轰然倒地。这种方式怎能不令学生们拍案叫绝、高呼过瘾！

将激情带入课堂

教学是一门艺术。无论哪种教学设计，教师都应将激情带入课堂。记得小时候，随外公到故宫看画，有一幅石涛的名画描绘的是一位和尚沿山中小径往山里走。此时已是黄昏时分，他要去哪里呢？图中并没有画出寺庙，但我们已经领会知晓那寺就在大山之后。大到讲节课，小到做道题，都是一种意境的创设。把题意分析明了，将条件一一落实，有不少题不用再多说一个字，答案已在此山中。讲一堂课，如做一幅画，为什么齐白石随便一幅画作就价值连城，只因一代国画大师白石老人寥寥数笔即勾勒出鱼虾的神韵。在每一次备课中，我都考虑这样一个问题：怎样才能将数学中最精华的东西挖掘出来？怎样才能讲出彩？诺贝尔物理学奖获得者杨振宁教授在领奖时动情地说："在我的研究几乎到了山穷水尽时，正是《心经》给了我以启发。"他平时的思考方式也十分特别，只是静静地坐在那里，双手合十，如禅师入定一般，洒脱轻松。这给予我很大的启迪，遇到一时无思路的问题时，不是苦思冥想、绞尽脑汁，算烂多少麻袋草稿纸，而是将问题放进去，像电脑一样输入条件、数据，然后就静静等待结果。忽然灵光一闪，于无心处得到了奇思妙想。那是一种作曲家创作中的灵感，是一种热血沸腾，是一种难以抑制的兴奋和激动。只有首先能打动自己，才会去打动学生，令他们一同跟我去探险，去感受数学迷宫的奇妙，去享受其中的快乐。身在讲堂，自然从容镇定、挥洒自如、慷慨激昂，那是一种舍我其谁的豪情。一节好的数学课，它应如单田芳的评书、福尔摩斯的破案一般，巧设包袱、暗藏玄机、环环相扣、引人入胜。

追求高效授课方式

尽可能在课堂上就把所有学生有可能会出现的问题都解决掉，不给学生留负担。不占用学生课下的时间去答疑，不跟其他学科抢时间，严格控制作业量。高三，别的班级别的学科的学生在课下都围着老师排队答疑，只有我这里，冷冷清清。校长看到后很好奇，问我教的学生："你们怎么不找白老师答疑呢？"孩子们异口同声地回答："白老师课上把我们的疑问都处理完了，而且讲得非常清楚明白，课下我们没什么可问的了。"

疫情网课期间，我为了提高授课效果，一直坚持站着给同学们上课，在黑板上板书，用彩色粉笔画图。往往一节课下来，三四块满满黑板的板书。还怕学生记不下来，特意拍照发到微信班级学科群里。为了辅助课堂教学，甚至还专门将某些授课的专题拍了小视频，发给孩子们观看。力求将线上课达到线下课的效果。

研究有效应试技巧

高考数学的第 15 题是一道难度最大的多选题，也是选填中的压轴题，不少数学偏弱的考生，选择直接放弃。我在复习备考中，经过对历年大量第 15 题的分析研究，总结出三大技巧。大部分同学利用技巧，在这道题上都轻松地得了满分。

我家的胡同口，有一座元朝时期的古塔——万松老人塔。万松老人在佛法易经方面非常精通，他的得意弟子耶律楚材，是元朝辅佐成吉思汗的开国国师、宰相。据传耶律楚材指挥打仗，在军队需要进攻时所向披靡，在需要防守时又固若金汤，耶律楚材能准确预测出敌军准备进攻的方向、进攻的时间、进攻的兵力等，所以他指挥打仗，有如神助，胸有成竹。我们高考的备考，也如同防守一座城池，若能有耶律楚材的神机妙算，通过教师事先揣摩出命题人的出题思路和方向，通过总结归纳，押中高考命题中最难的几个小问，那么我们的孩子就将会在考场中从容镇定，无往而不胜！

高三的最后一节课，我一进教室，全体同学自发地起立，长时间雷鸣般的掌声，让我眼睛湿润了。在高三毕业典礼上，学生送给我一个特别的礼物，看到后我立刻感动得眼睛湿润，声音哽咽。同学们把五年来我上课说的，他们认为是经典的语录和金句，整理编辑成册，甚至非常专业地设计好封面，打印装订得非常精美。全班同学人手一册，作为永久收藏。同学们说，今天我们就要告别母校了，从此大家天南海北。不过今后无论走到哪里，只要再次翻看"白老师语录"，就能令我们又回到母校，又回到少24班教室，又回到白老师那激情澎湃的数学课上……

白 真

少儿班思想政治课实践教学中的"因材施教"

面对一群活泼好动、好奇心强烈以及理科思维好的少儿班学生，如何做到对症下药，让他们喜欢上思政课，进而发挥思政课的功能，培养少儿班学生的人文素养、家国情怀，让他们健康、快乐地成长，这是个"真"问题，也是我作为一名青年教师面临的"真"挑战。

结合少儿班的特殊学情和丰富多样的课程设置，在体育老师和班主任老师的支持配合下，少儿班思政课实践教学机制正不断探索完善。思政课实践教学与少儿班的自然体育课以及社会实践活动相结合、思政小课堂和社会大课堂相结合正积极推进，使面向少儿班学生的思政内容更加言之有物。

少儿班思政课横跨初中和高中两个阶段。初中《道德与法治》实践教学中以学生的"体验"为基础，帮助学生培养学习生活能力、人际交往能力、社会责任担当等基本素养。学生在学习"少年有梦"时，开展"政治课大舞台·有梦你就来"活动，课堂上学生装饰扮演自己梦想成为的人物，分享个人的梦想能为社会做些什么，让学生真懂真信"少年的梦想，与时代脉搏紧密相连，与中国梦密不可分"。在讲授"师生之间"时，指导学生组织"我为老师颁个奖"活动，学生结合科任教师的学科特色及个人风格撰写颁奖词，动手制作小奖状以及 DIY 纪念品，在动手实践的过程中让学生感悟"安其学而亲其师"。在"在家的意味"授课环节，鼓励学生采访自己的家人，探寻自己与父母间的成长小故事，对比父母十年前后的变化，反思自己近期与父母相处的行为，通过实践

少 30 班学生为老师们制作的小奖状（常凯伟／摄）

性作业引导青春期的学生正确处理亲子关系。

高中《思想政治》实践教学的开展，在"体验"的基础上，更侧重学生的"认知"。充分利用学生在自然体育课和社会实践中的见闻，把其化用为课堂教学案例，反哺思政课教学。例如，当学生自然体育课走进李大钊故居，在政治课上会及时总结，让学生感悟红色文化，引导学生实现由行到知的升华。以学生在河南社会实践见到焦作十五中落后的教学环境为例，让学生切身理解新时代我国社会的主要矛盾是"人民日益增长的美好生活需要和不平衡不充分的发展之间的矛盾"。同时，利用各种假期鼓励学生走进社会大课堂。例如，暑期开展"红色微团课"活动，让学生围绕"红色山河迹""习近平与青年""青年人物志""学习贯彻二十大精神"四个主题进行视频宣讲。"十一"假期让学生进行实地调研，走进国家机关、基层组织等，了解这些部门的性质及运行机制，撰写调查报告，感受实际生活中的民主政治。此外，在实践教学中发挥家校合作优势，在家长的支持下开展"这周我当家"活动，旨在让少儿班的学生积累生活经验，让学生更好地理解我国基本经济制度的优越性。

少 29 班自然体育课探访李大钊故居（范志超／供）

教无定法，贵在得法。少儿班思政课实践教学中，除了立足大思政格局，保证实践教学的可操作性和实效性外，还必须把握少儿班学生作为超常儿童的特殊学情，立足超常儿童的学习要求和成才愿望，努力使教学贴近少儿班学生实际，让思政课"接地气"，只有激发学生学习积极性和主动性，思政课才能"有底气"。总之，在因材施教的理念下，思政课是在尊重少儿班学生个性差异的基础上想办法使学生接纳理解，而非简单地迎合学生，努力让思政课成为学生真心喜欢、终身受益的良师益友，方能达到启智润心的教育目的。

常凯伟

那颗回归的"孤星"

在八中这片育人的沃土上，我成了12班的班主任。这个班的孩子团结互助，友爱善良，就像星星一般澄澈纯粹，闪烁着治愈人心的光芒。因此，那个独来独往、不愿参加集体活动的孩子就显得尤为与众不同，他就像一颗孤独的小行星，脱离了星河的轨迹。我们就暂且叫他小星吧。

小星是一个不擅长与同学交往的孩子，常常出言不逊，误伤他人，偶尔也会受到同学的言语反击或嘲笑。渐渐地，小星开始在每日上交的《学业计划本》中袒露心声，里面充斥着越来越多的愤懑、抵触、抱怨、失落……他就像一颗流浪的孤星，寄望自身发出耀眼的光芒，却不知群星汇聚成的星河更为夺目生辉。

我发现小星的消极情绪主要归因于对事情"看法"的偏差，对他人的要求绝对化，但凡一点不顺心都会怪罪到他人身上。为了帮他打开心扉，我通过面对面交流和书面沟通，引导他重新认识自己的心理状态，不停鼓励他只要微微调整想法和角度，就能够弱化消极情绪。并给他布置了一个秘密作业——每天发现班集体中让你有触动的一件小事。

于是，这颗孤星被牵引着，一点点扭转轨迹，在对话中，我积极靠近他、鼓励他。

小星的留言："感谢昨天您对我的鼓励，说了好久，体育课都迟到了。我们班某些好同学关心我下午体育课的状况，我比较感动。"

我的回复:"真棒,同学们其实一直很关心你呢,可以用你的方式向他们表达善意呀!"

教育像是一场温柔的坚持,仿佛银河系内的恒星,发光发热,足够坚定,才能释放无尽的引力。这项秘密作业坚持到半个月的时候,小星对班级的不满情绪又回升了。我想除了与小星在《学业计划本》沟通以外,我还应该教他如何积极与人交往,不断"强化"正向的做法。于是,我开始帮助小星进行行为矫正……当看到他礼貌对待同学时,我及时给予正向强化;当听到他出言不逊时,我立刻悄悄把他叫过来,示范给他更合适的情境表达。慢慢地,小星有了第一个朋友。

没有人愿意做一个孤岛,也没有人愿意化作一颗孤星,坚定的恒星牵引着这颗迷茫的孤星,不疾不徐地向着既定的方向——远处的星河前进。

期中考试结束后,我组织了一次行为分兑换活动。小星默默地走到讲台前,坚定地说:"老师,我一共有11张积分卡,我想在期末考试结束后的一周,找个中午请全班看一次午间电影……"我惊喜万分,小星放弃了兑换精美的礼品、独特的DIY徽章和诱人的"小特权",把自己最宝贵的、辛苦积攒的积分卡,用于争取一次集体活动,这是我第一次感受到这颗孤星如此强烈地想要汇入星河。

我随即点点头,同意了他的请求。小星的眼睛亮了起来,眼角蓄着笑意,舒展又动人,就像星星般纯粹明耀。与此同时,班级沸腾了,都在为他鼓掌,小星咧开的嘴角仿佛挂上了整条星河,随着他的笑容闪耀着,映出温和友善的光芒。

那一刻,我深刻感受到了教育的"本真致美",真正践行了"着眼于未来,着力于素质"的教育理念。关注学生的健全人格与长期发展,它不只是一种教育理念,更是一种心灵的触动。我想,也许就在这一刻,这颗孤星终于在恒星反复又坚定的牵引中,汇入了12班这条璀璨的星带。群星共舞时,他不只感受到浩瀚无垠的银河，也成了银河的一部分。在那天的《学业计划本》上，小星写道："我学会了感恩和分享我所拥有的东西，我觉得每感恩一次，我就多一分快乐。"

这件事以后，小星的消极情绪越来越少，对班集体的抱怨也越来越少，慢慢发现了身边同学的"美"。疫情原因转为线上学习后，小星依然跟我保持着文字的沟通。在班级小管家的"每日悟语"中，他写道："我才发觉，原来同学们的好一直都在，之前我怎么没发现呢？"是啊，孤独的小行星一直都在无垠的银河系中，只不过他从未发现银河的浩瀚。

"老师在我身边，我在老师心里"，这是八中人矢志追求的教育信仰。这个故事让我深刻体会到教师在学生心里就像是恒星一般，持续发光发热，坚定且有引力。平常的一句话、一条留言，甚至一个眼神，都能够引导他看待问题的视角。教师通过对他积极行为的强化，帮助他拨开迷雾，感受到集体的光芒和力量。当然这个过程会有反复、有迷茫，也会很缓慢，但只要用温润如初的爱，真正从心底去启智润心、因材施教，就一定能够点亮更多的孤独之星。正如天文学家卡尔·萨根的这句话："渺小如我们，唯有通过爱，才能承受宇宙的浩瀚。"

韩晓晗

来自星星的孩子

北京八中少儿班的学生是一群智力超常的特殊儿童。我们班有个更特殊的孩子，仿佛真的是坐着火箭从另一个星球来，跟大家交往时隔着厚厚的宇航服，我们叫他未未吧。

从入学前的家长访谈中我得知他从小与人交往有困难，还被"欺负"过。心理学专业毕业的我提前对未未进行了保护，暗中安排班里大个儿男孩和他做朋友、照顾他。我也常常帮他擦去脸上的污渍抹上面霜，关注他衣服有没有破损，注意他有没有被"欺负"。

我信心满满以为能用我的爱治愈他，而他却暴露出更多的问题：情绪依然很容易激动，无法控制身体抽动并发出怪声；只要谈到上课和作业，他就开始瞪我，对我充满敌意。我约他父母面谈，说了我的暗中安排，也提出了一个更为担心的问题：这个孩子很难交流，总在自己的世界里。他父母很感谢老师和同学的付出，却也不知道该怎么做，对于求助专业机构的建议他们以未未抵触为由拒绝了。

在一次次沟通失败后，我的耐心也被消磨殆尽。那段时间我真的无比烦躁，感觉自己付出了那么多努力，却像在石头上种花，没有任何效果。德育校长看出了我的失落，开导道："不把他当作你的学生，没有那么多期待，像做研究那样把他当成研究对象呢？我们可以一起帮你。"这次谈话启发了我，也让我觉得不再孤单无力。我对他的期待太多，急躁的情绪被敏感的他感受到了，才会这么抵触。我尝试降低自己的期待，不去盯着未未的问题，也时刻提醒自己不期待工作一定马上有成效。

与此同时，我开始借助更多人形成合力。私下联系心理老师，巧妙地以帮助老师整理教室为由，让未未去做沙盘以了解他的内心。等未未和心理老师熟悉后，让他去心理老师处午休聊天。这些有意安排照顾了未未敏感的内心，让我和未未的关系开始缓和下来。

一天，我发现未未桌子底下全是废纸，经了解竟然是后桌来来扔的。放学后我留下了来来，来来爽快承认是自己做的，并告诉我，他觉得未未的种种行为伤害了班级的优秀，也对老师给予未未的特殊包容感到困惑。这让我意识到，自己在过分关注一个孩子的同时，忽略了这种关注对整个班级的影响，也忽略了其他学生的作用。

第二天，未未去医院复诊没有到校，我借此机会，跟班里的孩子分享了昨天的事情，询问他们怎么看待未未和老师对待他的方式。孩子们纷纷表达对未未的不满，和老师对他格外宽容的困惑，我静静听着他们吐槽并等待他们情绪消散。

"你们知道他为什么会这样吗？"

"听他妈妈说，他读小学时本子总被同学藏起来，所以只要收作业他就很紧张，把书包倒地上找。他们还跟他开玩笑，要让他离开小学的班级。"

听了这些，孩子们纷纷流露出气愤或心疼的神情。我问他们有没有和未未类似的经历，孩子们纷纷说起自己儿时与朋友相处，或多或少会有不顺利的情况。通过这些分享，他们也开始理解和共情未未。

这群善良的孩子跟我解释说，"我们并不讨厌未未，只是不知道该怎么跟他打交道……"是啊，作为大人和接受过专业训练的我，跟未未打交道都需要经历一个过程。积极心理学说，过去的一切都是资源。这群孩子分享过去的悲伤经历其实也是他们的资源，他们能够度过一定有属于他们的方法，我应该避免生硬的说教。

"你们之前是怎么走出交往不顺的困境的呢?"

"我小时候刚从国外回来,中文说不太清,同学们都不愿意和我玩,我们班长英语很好就帮我翻译,带我和大家玩,就像架起一座桥让我走到了同学中。"

"我知道!我们可以帮未未也找个桥!找桥!"

"月月和未未关系还不错,月月跟我们关系也都很好!她可以当桥!阳阳也很有耐心,总听未未说些我们听不懂的话。"

"月月和阳阳你们愿意当桥吗?"

"还有人愿意当桥吗?"

根据自愿原则,我把几个孩子调到了未未座位周围,也对暂时还不会和未未相处的同学,表示了理解,鼓励他们可以慢慢来,但最起码不可以有不友善的行为。

我当了第一座桥,联结了未未和班级同学、心理老师,这些经历让未未不再抵触,开始接受专业的心理咨询;未未认识了一位"杨阿姨",能解开他很多困惑,杨大夫也通过未未的父母向学校转达了未未内心的渴求。后来,未未妈妈与我联系,医生诊断未未是阿斯伯格综合征,属于自闭症的一种。这些孩子被称作来自星星的孩子,有着异于常人的敏感和较低的人际交往能力,我和学生们终于理解了他那些奇奇怪怪的行为。

两年过去了,未未现在已经有了几个聊得来的朋友,也选择了自己喜欢的学科,还能跟随走班与其他班的学生交往。这是他入学之初,我们都很难想象到的进步。

教育未未是我从纸上谈兵到实际操作的过程,让我懂得教师之爱既应如父母之爱般浓烈饱满,更该有教育之爱的科学理性。教育既需要积极作为,更需要顺势而为——石头可能开不出花,但放在盆景中有花草的陪伴也是一抹风景。作为班主任，我愿做第一座桥，同时搭起更多的桥、同学的桥、专业大夫的桥、充满爱的家长们的桥。

希望每一个来自星星的特殊孩子，都能拥有一座座桥，帮助他们适应地球上的生活，也希望每一个特殊的孩子都能被科学地爱着。

黄亚庆

做一个幸福的播种者

我们终将给学生留下些什么？这其实是我经常问自己的一个问题，也是我作为班主任工作的出发点和落脚点。

当一个学生离开学校时，如果他把学过的知识全部忘记了（当然，这是不可能的），才是他的学校与老师在他身上进行教育和教学的真正成果。这里强调的是，教育教学目标不在知识上，而是知识之外的东西，是能力和能力之上的东西。作为一名班主任，就是要做这样的工作，行不言之教，润物无声。

2023届3班，是一个一类实验班，这里汇聚了38名优秀学子。入学之初，面对新学校、新同学、新老师，怀揣着对即将开始的高中生活的无限憧憬。作为高中生，又恰好处在树立"自我"的关键阶段：我是一个什么样的人，我想成为什么样的人，我该怎么做？

在入学教育时，我设置了一个拼图游戏，小组内分工合作，小组间速度比拼。其间每人分发一块拼图，在完成拼图时拼上自己的那一块，象征着每个人是班级不可或缺的一部分。这样一种新奇的开班活动，使得大家很快忘记了彼此间的陌生，同学们玩在一起，乐在一起。同时，适时介绍一些班级活动规划，点起他们心中的好奇与渴望，这无疑会令他们产生强大的驱动力。

受到拼图游戏的启发，我们还将拼图的思想运用在了板报制作上。将人物肖像分割，每人画一块，分工合作，最后形成共同的作品——跨年板报。同学们感觉很新鲜，但也有一些担心，没有美术功底，能画好吗？颜色不协调怎么

分组拼图游戏（樊登麟／摄）

办？我对他们说，首先这是我们自己的作品，大家能力不一，不用要求太苛刻；其次，我们可以选择简单好驾驭的图片来画，这就可以大大降低失败的风险。这里不仅是将工作化整为零，更考验着同学们的沟通与协作能力。通过一个星期的"创作"，大功告成的那一刻，教室里爆发出了热烈的掌声。

一花独放不是春，百花齐放春满园。群星灿烂方呈璀璨星空。

"一群人，为了一个共同的目标，齐心协力地去做一件事，不论结果如何，这本身就是一件多么美好的事情啊！"这样的事情，这样的感触，贯穿于3班的始终，在班级日志中我一次次看到了同学们类似的感叹。

最让我印象深刻的是高一的广播操比赛，由于种种原因，我们班没有像别的班一样组织训练，而在比赛当天的中午，当我推开教室门时，我看到了同学们自发地组织训练，同学们在桌椅之间跟着动感的音乐跳动。能让每一个学生主动牺牲午休时间，这本身不是难事，但更可贵的是他们脸上洋溢的笑容，他们确实享受这样"一群人，为了一个共同的目标，齐心协力地去做一件事"。

是什么让他们如此自觉而努力呢？除了他们喜欢的"搞事"，还有他们对于荣誉的捍卫与坚持。

"理想、真实、坚持、荣誉",这是我们的班训,是基于师生共同的认知与价值追求,是我们共同的价值引领。

一次,我随口跟学生提了一句,我们这么优秀的班,不配有个班徽吗? 没想到没过多久,学生就提交了在自己的小群内商量出来的三个方案。

1号班徽,清新淡雅;2号班徽,立体,辉煌,有质感;3号班徽,大脑,莫比乌斯环,一看就是数学老师带的班。

班徽设计方案(樊登麟/供)

班徽定稿及示意(樊登麟/供)

这三个班徽方案设计各有优点,又各有不足。最后,我们选定了1号方案,但是这里的3过于具象,联想到"3"与"山"谐音,我们进行了象形的处理,远处是山,近处是花,连接的是一条大路,又像是一条长河,远山近水,则是一个大大的阿拉伯数字"3"。从此3班有了自己的名字——景行3班。

我们追求的目标，从来不是功利的"成绩"，而是"热爱"。唯有热爱，可抵岁月漫长；唯有热爱，不畏惧世间无常。

"山不厌高，海不厌深，跨越山海，奔赴热爱"，这就是我希望在孩子们心中种下的太阳，根植一种信念，求真，求善，求美。积土成山，积水成渊，永远保持热情，永远保持渴望，永远保持谦虚，永远保持勇气，去追求心中所爱。

我们八中一直秉持着"着眼于未来，着力于素质"的理念，播下一颗种子，我们要做的就是提供适宜的阳光、水分、空气……然后静待花开，收获希望。有了这样一颗种子，我们不仅看到他们现在成了"校园中的成功者"，我们也相信，他们会成就自我，回报社会，在未来成为"生活中的成功者"。

樊登麟

第四篇 勤学笃行、求是创新

——八中的素质教育是朴素可行的

勤学笃行、求是创新的躬耕态度是教育家精神的不竭动力。教育家陶西平先生曾评价"八中的素质教育是朴素可行的"。我们作为素质教育的先行者和集成者，始终不惧洪流，关切本质——"着眼于未来，着力于素质"。为学之实，固在践履；行途之远，源在活水。肩负引路重责，北京八中教师率先垂范，努力成为勤学善思、笃行不息的终身学习者和严谨求是、积极创新的勇毅践行者。

天籁之音　滋养生命

高中时代，是人生的青葱岁月，黄金般珍贵。孩子们聚集在校园里，学习知识，储备力量，同时也如海绵一般吸纳着人生的智慧，借鉴着成长的经验，构建着自己的认知架构。此时，周边所有人，都在不经意间但又实实在在地参与着这场年轻灵魂的塑形过程，只是一切都好像默默无声。

校园里从不缺乏知识的传授者，然而年轻心灵的引领者，我说的是既渴望这样做也擅于这样做的人并不多，他们才是学生生命中最可贵的邂逅。

艺术，实际是人类对生命价值的思索，对人性严厉的审视，对社会良知的体察。艺术学科教学，除了技能技巧的传承，其实更是引领心灵在自我修正中前行的法门。我作为艺术教师，愿意尽全力去陪伴学生，引导学生。几十年来我惊喜地发现，就在我身边，在这片充满教育活力的热土上，有一个身影，一直在陪我默默前行。红尘作伴，精神便不再孤寂，也是一件人生幸事呀。

她是一位音乐教师，她将全部智慧、才华、生命的力量通通融合在一起，以音乐这一艺术形式，尽情展露进她的每一节课中，没有丝毫保留、丝毫倦怠。几十年一以贯之，始终保有教学的鲜活性，全无疲态，这绝非易事。一路执拗地探寻下来，除去个性、体能因素，最大的支撑点无疑是真挚的爱。深沉地爱音乐，真切地爱学生，珍惜自己性灵导引者的人设，方能沉溺其中，乐此不疲。在我心中，真正的好老师只有一个标准，就是肯于把自己的全部生命热度交给学生，无怨无悔。而她，无疑真的做到了。于是必然地，在她天籁般的嗓音与机巧灵动的教学智慧下，倾注了对生活、对音乐、对学生，也就是她这一生最重要的一切的刻骨之爱，很轻易地就被学生们察觉到了，于是众多学粉、拥趸出现了。她的音乐激情、音乐智慧，成为了无数学生心灵之旅的引路人。

从她走上教学舞台，到成为富有经验的教学老手，潜心钻研，不断探索，从不是一句空话。以学科底蕴为资本，以感悟生活为目的，视音乐艺术为文化，不囿于技能本位，将音乐体现出的人生之丰富，人性之深彻，人情之澎湃牢牢把握，催化点燃每一个音乐梦想。学生在她的课程里浸润，沉醉中再次获知生命本义与生活激情。她深知，只有感动自己才能感动学生，而生活中真正的感动何其珍贵，如果连艺术也放弃感动，激情耗尽，不亚于生命的油箱被抽空，即使是知识的宝库，也终究因置身于荒漠而成为非宜居之地，令人难以企及。为实现诗意的栖居，当好激情加油站，她，守护着自己的初心。

音乐教学于她来说，不是谋生而是寄托，不是负担而是享受，是最有意义的生活方式，更是生命的核心。她以音乐为媒介，去感受世界，去理解人生。她的教学风格充满了激情和热度，她以最真挚的情感去解读每一首歌曲，去演绎每一份情感。像她这样的人会将名利看得很淡。她坚信，人生一世，没有什么值得计较，学音乐的出身让她有种闲云野鹤、无心尘俗的感觉。她的关注只在每一节课上，在所有学生身上。一颦一颦皆由课，千情万感只缘心。如此纯粹纯净的心，生成无尽的教学力量。

音乐是生命的脉搏。她坚信，音乐能够唤醒人们内心的情感，能够传递人们无法言喻的情感。在她的课堂上，不仅仅是学习音乐知识，更是学习如何用音乐去表达自我，去感受生活。孩子们不是被动的听众，而是主动的参与者。她以启发和引导的方式，帮助学生发掘自己的音乐潜能，让他们在音乐的熏陶下，学会欣赏美、感受美、表达美。音乐以震撼的力量感动灵魂，一扫生活中的平淡乏味，将沉睡者唤醒。音乐不仅传递情感，还能滋养人的心灵。

她始终用她的音乐智慧和热情感染着每一个人。她的授课是生命热度的展现，她的阐述是对艺理的深度解读。她用音乐教学点燃了学生生命旅程之灯，用音乐的力量滋养了学生的心灵之田。在她的引领下，学生们开始懂得欣赏音乐的美妙之处，开始懂得用音乐表达自己的情感和思想。在她的指导下学生们开始懂得探索音乐的无穷魅力，在她的激励下，学生们开始懂得追寻音乐的极致境界。她的每一次教学操作都是一次尽兴而为的听觉艺术秀，常常令学生潸然泪下，沉思痴迷。

她的每一堂课都是一次音乐生活随想。她以生活中的点滴为灵感，将音乐与生活紧密相连。每当生活中遇到触动她的音乐，她便会深入思考，试图理解那份感动的深层含义，然后将其转化为课程，让我们共同分享体验。她的课不是深渊般的死水，而是溪水一样流动的旋律，永远充满了新鲜感。每一次尝试都是一种新的可能，一个新的契机。她的音乐教育理念影响了学生对生活的态度。在她的引导下，学生们开始用心去感受生活中的音乐，去理解音乐中的生活。学生们开始懂得欣赏生活中的美好，开始懂得享受生命中的感动。

老师，首先是引领者。在她的引领下，学生们不仅领略了音乐的魅力，更收获了人生的智慧。这位老师用她的才华和热情诠释了什么叫作真正的教育。她的人生如同她的音乐一般悠扬，让人感受到生命居然可以如此美妙。她的故事激励着更多的人去关注教育、去热爱生活、去追求梦想。她用她的音乐才华和教学热情书写着属于我们的音乐故事。她是学生们心中的音乐女神。

乐之魂，教之韵。师者的魅力在于恰逢其时的给予。我相信凡是从这一片教学热土中走过的孩子，音乐随想都会在脑海中回旋一生。他们会用铭记回报这里的耕耘者曾经倾情倾力的付出。

党　威

书之友

古人以"松、竹、梅"为友，大概是这些植物耐寒性强的特点，象征了困境中百折不挠的精神。对于古人来说，想要做到这一点，应该比较容易。乡村隐居，疏林修竹之外，找一块地方，种一些喜欢的植物还是可以的。但是，对于生活在都市的人来说，要想在都市中找到一块属于自己的地，种一些自己喜欢的花草，绝对是一种奢望。

我喜欢书，应该类似于古人的"岁寒三友"。现在的社会，读书早已变成了生活的必需品，一种生活的方式。

小时候，因为迷恋《三国演义》，耽误干农活，自然免不了挨父母的一顿训斥。后来，走进大学校门，读书与干农活相比，真是一件再幸福不过的事。是不是小时候有过劳动经验的人都会有这种体会，我并不确定，但是就算后来走上工作岗位，与工作、干农活相比，我仍然觉得读书幸福无比，也不会感觉到累。

我始终认为，教师首先是一个喜欢不断学习的人，只有这样才能做一名合格的教育者。读书是学习的主要渠道。我读的书很杂，文学的、历史的，教育学、心理学，当然最主要的还是地理专业书籍。书籍总是在无声无息中塑造一个人的性格和灵魂，阅读不同类型的书籍，会让我们从多角度审视自己从事的工作。

读书也会有瘾，有些书，明知道没时间读，但是也会花钱买回家，时不时拿在手里翻一翻，心中就会有一种满足感。当然，买书也有烦恼，因为上学期间没钱买，工作之后没地方放。当家里到处都是书的时候，本来不大的空间，就会显得更加拥挤。加之每过一段时间，还需要清清尘土，翻动打理一番。

在我的读书生涯中，有几个节点助推我不断阅读。首先，2004 年、2007年我先后参加北京市骨干教师、北京市学科带头人的市级培训班。在培训过程中，我切身体会到教育学、心理学对于一位老师的重要性。于是，我买了大量相关书籍阅读学习，打下了比较好的教育学、心理学基础，这在我后来的教学研究中发挥了非常重要的作用。其次，2013 年我参加北京市首届特级教师研修班，在培训过程中，我又一次深深感受到自己专业知识的匮乏，尤其是学科史。于是，我几乎买回了商务印书馆出版的汉译世界名著中所有有关地理学科的专著，这一读就是五六年。经过大量阅读，我明显感到自己收获不少。

我是一名地理教师，但我一直觉得好的地理课堂应该拥有多个维度。讲区域地理，如果增加一些历史发展的知识，就会让所讲的区域丰满起来，变得有血有肉，而且学生对地理知识的理解就会更加深刻。讲自然地理，如果增加一些科学史的知识，就会把科学精神深深植入学生的内心。讲人文地理，丰富的案例会让干涩的理论妙趣横生。

书读得多了，自然就会萌生写作的念头。在阅读书籍的过程中，我也开始尝试写作，主要撰写关于教育教学方面的论文以及专著。我努力探索和实践教育教学新规律、新方法、新技术，积极参与国家级、省市级等各级教育科研课题的研究工作，撰写了 300 余篇关于课堂教学的论文，近 100 篇在各级各类报纸杂志发表，在全国中学地理教育界产生了一定的影响。其中，地理学科核心期刊《人文地理》1 篇、《中学历史、地理教与学》转载 6 篇、全国中文教育类核心期刊和全国优秀地理期刊《中学地理教学参考》18 篇、中国地理教学研究会会刊《地理教学》16 篇、《中国多媒体教学学报》3 篇（件）、《高中生地理》7 篇、《北京教育》《北京教研》《北京教育研究》9 篇、《北京教育报》

和《现代教育报》21 篇。2016 年，我的著作《基于问题解决的高中地理课堂教学》出版，2017 年，我的著作《改革中的地理课堂》出版，这些都是我读书和思考的成果。

2017 年，我来到八中之后，深深地感受到了这所百年老校厚重的学风。在教学之余，我让自己遨游在无边的书海之中，感觉到那样充实和满足。我想，我作为一名教师，能够教书、育人、读书、写作，这是一件多么幸福的事！

我会一直把书读下去。

李宗录

八中素质教育下的高中物理课程建设

优质课程是师生共同成长的阶梯，打造优质课程是学校各学科组建设中的重中之重。

高中物理课程分成国家高考课程、校本实验课程、校本竞赛课程与校本强基课程四大课程。前两者比较成熟，但需要在专业提升和细节打磨上下功夫，而校本竞赛课程、校本强基课程对教师专业及思维要求更高，又没有现成的课程，这就要求教研组长做好底层课程，带领教师一起备课，调动教师参与的积极性。

第一，学校从校长到抓竞赛的主任都非常支持拔尖创新课程，各个部门对课程全力保障，每次我们提一个要求，陈孟伟主任都会跑前跑后帮忙协调解决，加之又有专项经费支持，在安排老师任务的时候，大家容易有积极性；第二，八中近几年招聘了一大批名校高学历硕士、博士生，他们有很好的专业基础；第三，我提前把课程搭建好，有了现成的课程和备课指导，教师们容易上手；第四，八中有"八少八素"的超常儿童，教学相长，给拔尖创新人才搭建了很好的学习平台的同时，也让老师开阔了思路，专业知识水平得到了提升，同时也会反哺高中课内教师的教学和学生的学习。

目前竞赛 A、B、C 三层课程和强基课程都已有成熟的课程体系，每一层都有相当数量的同学参与其中。不同层级课程的开展，为八中不同层次的学生提供了合适的课程，让每个学生都能找到自己的生长点，如果觉得这一层级不适合自己，可以申请调换更高或更低的课程。老师是学生的学科导师，也是人生导师，老师传道授业解惑，不只是知识能力层面，也有情感态度价值观层面。

今年少28班的一位同学被清华丘成桐领军计划录取后，孩子妈妈私信我说，物理的学习就跟了学校课程，确保了孩子在丘班的考试中物理取得不错的成绩。我记得博恺同学同时参加了物理竞赛课程的 B 层课和 A 层课，正好当时这两个课程都是我在教授。这个孩子思维敏捷，反应很快，但年龄小，注意力不能集中太久，课堂上会左碰一下、右碰一下，或者自己弄出点动静，这个时候我就会让他上台来展示。孩子常常会有与众不同的想法，给大家带来了很多启发，这样做也保护了孩子的学习积极性。孩子学有余力我就鼓励他听网上经过老师们筛选的大学教授普物课程，听孩子妈妈说他坚持得很好。我们做到因人施策，因材施教，让每个学生在自己已有的基础上获得更好的成长。

教育工作者要始终保持初心，为国育英才。在竞赛课上，有时我们会跟同学们谈芯片，谈大国竞争，鼓励大家立大志，要有家国情怀，为国家的崛起而读书，为国家的科技发展和进步做出自己应有的贡献。

物理团队研讨氛围浓厚，乐于奉献，勤学笃行，求是创新，努力践行八中素质教育。师生沉浸在高维的思维碰撞中，相互探讨学习，一起成长，相信在不久的将来，一定会绽放一朵又一朵灿烂的鲜花，让八中素质教育的百花园更加绚丽多姿。

黎　周

德业齐芳

著名教育家苏霍姆林斯基曾经说过：教育的核心问题，是使每个人确立崇高的生活目的。人向着未来阔步前进，时时刻刻想着未来，关注着未来。道德普遍地被认为是人类的最高目的，因此也是教育的最高目的。教育可以使儿童通过周围世界的美与人的关系的美而看到精神的高尚、善良和诚实，并在此基础上在自己身上确立美的品质。因此，教育绝不仅仅是传授知识，而是开启知识的同时去涵养美德，使教育过程成为一种艺术的事业，正所谓德业齐芳。教育也绝不仅仅是老师单向度的传递，教育者的个性、思想信念及其精神生活感染受教育者，受教育者又像一颗颗种子，用他们的善与爱意给予教育者信念和力量，这被称作教育的共享。

2012年，获得学校的支持，我随西城第四批志愿团队前往四川省北川中学支教。短暂却宝贵的一年在我从事教育工作的初始，便指引我去领悟莫大的教育真谛。正所谓教育的芬芳启智润心，因材施教的育人智慧弥足珍贵，其中蕴含的教育精神也成为我为之奋斗的动力。

校园是梦开始的精神故乡

难以忘记2012年9月1日的北川中学开学典礼，三面旗帜伴随着《北川中学之歌》缓缓升起。红色的国旗代表北川中学赤忱炽热的爱国心，绿色的校旗代表北川中学浴火重生的信心，黄色的侨联旗帜代表北川中学爱心汇聚的感恩心。《北川中学之歌》悠扬的旋律、温暖的歌词深深打动着我："多难兴邦，多难兴邦，美丽校园，我们梦开始的地方。"

北川是一个有故事的地方，北川中学是一个有精神、有梦想、有希望的地方。无情地震留给这里的人民创伤，但抹不去心中思念的家乡。那个曾经秀美的北川河流改道，山体滑坡，县城垮塌，人民遭难。多次前往祭奠，心情一直沉重。直到我见到北川人自强不息、勇往直前的坚毅，我感叹时间的从容。

通往关内的延绵大路连接着今日欣欣向荣的北川新貌，我可爱的北川孩子每周欢乐嬉闹着穿梭于其中，北川人带着记忆一路走下去，湔江流淌不息，安昌河奔腾不止。吾乡是青山不老，绿水长流，老北川在远处静静凝望，目送你走向更开阔的人生。

教育是春风化雨，点滴成真

北川鲜有艳阳，雨水频繁，大半年我才适应。呼吸着清新的空气，踏步在这一尘不染、绿意恬静的新北川，我切实体会到春风化雨，点滴成真。

北川的孩子朴实、单纯，基础薄，但是潜力大，是一块块璞玉，要用教育精心打磨。而教育容不得心急，要慢慢来，用心来，从点点滴滴入手。我承担2015届13、14班的政治教学工作。学习是人生最美丽的风景线，我坚持践行素质教育，同时主张快乐教育，利用多种途径尽可能丰富和拓展课堂。同时关注学生进步，关注学习过程，重视学习态度。政治课课时量少，我创造机会关注孩子们的成长，走近他们。

沐浴着北川的美好春光，我和支教老师开展了家访活动。"热爱生活与生命，以饱满的热情感染学生，以充沛的正能量引领学生，激发学生学习的欲望和动力，关注学生的情感、意志、品质、个性"是"家访"的初衷和根本目的。我难忘杨丹同学在永安镇大安村给老师们上的一堂生动的"植物课"；夏子琴同学在擂鼓镇龙坪羌寨所展现出的昔日抗震小英雄的风采；陈瑞同学在陈家坝乡的快乐童年时光与成长烦恼；4月20日雅安强震，杨希同学和爸爸在开坪乡向我们讲述了5年前北川的那个春天；5月12日和席光玲等同学专程前往老北川参观"5·12汶川特大地震纪念馆"……我们一路体会着北川从悲壮走向豪迈，感受到了北川孩子特有的质朴、热情、乐观，北川人所展现出的勤劳、善良与坚强，同时也发觉到农村留守家庭的无奈，孩子的苦恼，新北川建设面临的机遇与挑战。

北川孩子知识面较窄，获得信息的机会和途径较少。我从北京购买了多本图书作为奖励，鼓励学习优异和学习进步的学生；组织在北川金融街一起做关于商业银行的调查；与支教老师共同策划，在高一年级开设周末影院，活动15次，为留校孩子放映了20部经典电影艺术作品。"周末剧场"用动人的故事、真实的情感、简单的道理、伟大的精神唤起学生的共鸣，让学生度过了一个个放松精神但却凝聚思想的美好周末时光。

教学相长，温情互动，我积极参加北川中学开展的各项活动。和他们一起上音乐课改课，弹吉他、唱民歌；参观羌族民俗博物馆，为创建文明县城、5A景区助力；做排球裁判，公正执法又难抑激动情绪；走到后台，为艺术节的小演员们鼓劲助威……

我被北川孩子的热情所感染，被北川孩子的真情所打动。教育是春来草自青，是润物细无声，北川孩子天真烂漫的笑容和着绵绵的北川雨，让我喜悦于教育的意义。

教育人生是心轻草亦香，是素履之往

为什么想去支教？回想起我在北川支教团队迎送大会上的发言，除了激情与壮志，我也有自己的意图：我就想停下来，看看这个世界。我如愿了，远离都市，回归自然，集体生活，着实享受了北川的柔软时光。我们骑行在新北川的大道上，攀登在云盘山山林，漫步于安昌河河堤；在冬日里围圈踢毽，在宿舍里围坐谈天，看九月桂花遍地开，赏三月油菜花金黄，闻六月栀子花芬芳；我们体验着川式火锅的酣畅淋漓，品尝着柑子枇杷的酸甜滋味，回味着北川山泉水的沁入心扉……

而且，还拥有了那让人着迷的"在路上"体验。窗含西岭千秋雪，阆中城南天下稀；雅雨雅鱼雅女美，岷山岷江九寨奇。"在路上"的勇敢、伙伴、未知、欢喜让我的生命更加单纯，精神更加富足！

也许，每个人都曾在生活的某个时刻体会到幽静又深长的意味。我将永远难忘4月我在北川度过的27岁生日。那天，我念起了生我的家乡。祖辈们万里远征，奋然西行，来到另一片野旷天低白云飞渡的地方。于是，从支援到扎根，我成为了第三代新疆人。北川川北有和新疆一样的草原清新万里晴，盘坐在辽阔的天地中，我忽然分不清哪里是吾乡。四川支教一年，我来到了一个不一样的西部，但和祖辈一样的情深而意长，淡定而斩截。原来人生是心轻草亦香，素履之往，是把心安顿好的地方。此心安处是吾乡。

《当你像鸟，飞往你的山》有这么一段耐人寻味的话：教育意味着获得不同的视角，理解不同的人、经历和历史。接受教育，但不要让你的教育僵化成傲慢。教育应该是思想的拓展，同理心的深化，视野的开阔。教育不应该使你的偏见变得更顽固。如果人们受过教育，他们应该变得不那么确定，而不是更确定。他们应该多听，少说，对差异满怀激情，热爱那些不同于他们的想法。

天赋仅给予一些种子，而不是既成的知识和德行。这些种子需要发芽，必须借助于教育才能达到。德业齐芳，师生共情，广阔的天地、丰富的课堂、美好的共在……这就是教育的目的，这就是教育的意义。当你以教育为翼，像鸟儿一样纵情飞翔，终将会抵达属于自己的山巅。

赵　刊

传　承

人们终其一生，都在寻找两样东西，价值感和归属感。价值感来源于肯定，归属感来源于被爱。而我很幸福，八中既给予我肯定，也让我被爱包围。今天是我们对于传承的总结和升华，其实，传承时时刻刻都在八中的每个角落里悄然发生着。

我从一件不起眼的小事儿说起。初到八中时，每逢考试，我都不得不比其他老师更早到考务室，因为我数卷子很慢，只能抢跑，但即便是抢跑，也经常被熟练的老师们反超，最终还得靠大家的帮助才能按时数完。于是我遍访名师，求学数卷子的方法，用橡皮的、用笔的、用手套的、用耳朵的，还有徒手的，徒手的还分四五种。我特别好奇，所有招式全都学，老师们也非常热情，手把手教我动作要领，一搓二散三数四折，那一瞬间，我想起了妈妈教我包饺子的场景，同样温馨，同样温暖，同样有家的感觉。有一段时间，我每天晚上就抱着几百张卷子和海超老师切磋技术，海超老师经常开玩笑说我参加教师基本功大赛，花样数卷子肯定是前几名。是不是前几名不好说，但从那以后，我也终于有富余时间帮其他老师数考试卷子了。事情虽小，但传承已经发生。前辈的慷慨指导，自我的刻苦学习，同辈的无私交流，薪火就在这三个环环紧扣的过程中，燃烧，传递，生生不息。

我很幸运，能和我的师父蔡秀梅老师一起从高一走到高三。蔡老师是一位完美的教师之师，她永远站在有助于我成长的角度思考问题，在她的鼓励、支持、引领之下，我也在快速成长着。我们数学组有"两多"，开会很多，开门很多。开会很多是因为我们青年教师的每一次发问，全组老师都会聚拢过来，耐心指导，热烈讨论；开门很多是说所有老师的课堂大门对我们青年教师永远敞开，蔡老师、春红老师、洪尚峰老师、彭红老师的课我都去学习过，受益匪浅。

教师这个职业是高尚的，心里想的都是"帮助你""成就你""让你好""助你成"，就拿这篇发言稿的诞生来说，王竑主任、王竹红老师、梁东升老师都主动找我，帮我改稿，助我圆满。上下同欲者胜，同舟共济者兴。在八中，从校领导，到各个团队，到各个备课组，都充满了对青年教师的关爱。关关难过关关过，参加工作的这几年，我常常遇到困难，但身处八中这个集体中，我从来没有感到过害怕，每位老师都会慷慨无私地向我伸出援手。我们青年教师能吃苦，不怕累，但怕走错路，走弯路，好在每位老师都是一束光，照在我们青年教师的身上，让我们行夜路犹如白昼。

于高山之巅，方见大河奔涌；于群峰之上，更觉长风浩存。很幸运，我们青年教师正是站在了八中这个高山之巅，景行仰止的前辈们塑造了熠熠生辉的八中精神。历史川流不息，精神代代相传，接过时代的接力棒，我们青年教师定当保持一颗谦逊的心，用心去传承八中前辈的高尚精神，用心去感受八中教育的蓬勃力量，向下扎根，向上生长，携手共进，再创八中崭新的辉煌！

王桢罡

在等式与不等式之间

—— 一位高中数学教师的躬耕之旅

当我们谈论教育家精神，很难不提到那些在数学世界中，如同稻田里的农夫一般，日复一日耕耘的高中数学老师。他们用尺与圆规绘制智慧的坐标系，以勤学笃行和求是创新的态度，浇灌着知识的苗圃，培育着未来的思想家。

让我们以一个具体的形象开始：高中数学教师王老师。他的课堂上，π 不仅仅是一个无理数，更是学生们对数学无限探求的象征。王老师总是幽默地说："数学是最好的健身房，这里没有跑步机，只有脑力激荡，让你们的思维肌肉日渐强壮。"

勤学笃行对王老师而言，并不是沉重的包袱，而是一种享受。他喜欢在清晨五点钟的宁静中迎接第一缕阳光，因为那是他与数学最亲密的时刻。他的勤奋不仅体现在对教材的熟练掌握上，还体现在他对每一个学生思维方式的细致观察上。他可以准确地告诉你，哪个学生在对数函数面前会皱眉，哪个学生在几何题面前眼睛会闪光。

求是创新，则是王老师在教学中的另一块金字招牌。他不满足于平淡无奇的讲解，总能在平凡的定理中挖掘出新意。记得有一次，他用篮球赛的方式来讲授函数的最大值和最小值，将每个数学概念都赋予了生命。学生们不再是被动的听众，而是积极的参与者，他们在数学的赛场上跳跃、投篮，每得一分，都是对知识深层次理解的胜利。

不过，王老师也有苦恼的时候。比如，当他面对学生的期望和学校的压力时，他会陷入深思，这是一种对立统一的辩证关系。他要在保持学生兴趣和完成教学目标之间寻找平衡。他笑称自己像是在做一个长时间的数学证明，总在努力寻找那个能使等式两边平衡的 x。

王老师对教育的热爱，就像是对待一道精妙绝伦的数学题。他知道，每个学生都是独一无二的变量，需要特定的函数来解开他们心中的困惑。在这一过程中，他是躬耕者，亦是探索者，不断地在教育的田埂上细耕细作，寻找着最佳的教学方法。

当我们在王老师的课堂上，看到那些曾经困惑于难题的脸庞逐渐放晴，我们不禁感慨：这不仅仅是数学知识的胜利，更是教育家精神的胜利。王老师用他的勤学笃行和求是创新，诠释了教育的真谛不在于一时的成绩，而在于激发每个学生内心深处对知识的渴望和对未来的憧憬。

他的成功不仅在于教出了优秀的学生，更在于培养出了热爱数学、勇于探索、敢于创新的年轻人。在他们的心中，王老师不只是一个教授三角函数的老师，更是一个引导他们走向广阔人生的领路人。

行文至此，已近尾声，但王老师的躬耕之旅却永远不会停歇。正如那些美丽的数学公式永存于书本之中，王老师的教育家精神，也将永远影响着他的学生们，无论他们身在何方，无论时代如何变迁。对了，你也许好奇这位王老师是谁？是我师兄？是我师父？都是，又都不是。其实他的生活是每一位八中教师生活的缩影。

附

几何与人生：躬耕者的颂歌

在那直线与曲线交汇的地方，

有位教师，手持粉笔的老农夫，

他在黑板上耕耘，点线面的田野，

用勤学笃行把开每一个数学难题的土壤。

他说："孩子们啊，数学是生活的节拍，

勾股、圆锥，都是世界的基础乐章。

让我们一起舞动思维的翅膀，

在这无限的宇宙中，自由飞翔。"

每一道几何题，都是一块石阶，

勤奋的步伐，一步步迈向智慧的殿堂。

他在课堂的土地上，播种着算式和证明，

等待着那些年轻的树苗，向阳而生。

他的课堂，是个植物园，

种满了代数的树和几何的藤。

他用幽默的雨水，滋润每颗干渴的心，

与学生一同，在这数学园中，探奇寻异。

他是一个魔术师，将 x 和 y 变换，

在同学们惊奇的目光中，揭示答案。

他是一个航海者，带领着年轻的水手，
航行在公式的海洋，探索未知的港湾。

勤学不倦，日复一日地重复，
像那圆周运动，永无止境的秘诀。
笃行无悔，他在数学的道路上，
用一生的时间，证明"教育"的定律。

创新的光芒，如同晨星在闪耀，
他不满足于教条，勇于突破框架。
在他的引领下，那些呆板的数字，
变成了生动的故事，跳跃在每一页。

"求是"，他说，"在于不停地问，
在每个为什么里，寻找更深的印记。"
他的课堂，是个实验室，
提问和思考，是那里最好的试剂。

他告诉我们，每个解不仅是答案，
而是一次次心灵的历练，智慧的显现。
在他的耕耘下，数学不再是冰冷的公式，
而是一首首诗，诉说着世界的秘密。

如此，这位高中数学老师，
以躬耕者的姿态，种下希望的种子。

在勤学笃行，求是创新的田野上，

收获的，不仅是知识，更是未来。

教育家的精神，在他身上得以体现，

不仅在于他对数的精确，更在于他对心的温暖。

当我们离开那个充满方程的教室，

我们会发现，生活本身，就是最大的方程式。

他用一生，证明了这个等式的真谛：

知识与爱心，智慧与幽默，乘以时间，

等于教育家的躬耕，等于生命的无限可能。

张奇琛

志笃行稳　行胜于言

2008 年 5 月 12 日的午后，天气晴朗，阳光洒进教室，后山的鸟儿自顾自地啼鸣。和往常一样，我在自己的座位上安静自习。距离高考还有不到一个月的时间，教室里贴满了励志标语，大家小声讨论着题目，气氛和谐又松弛。然而，这一刻的安宁被一阵轰隆震动打破。起初同学们茫然地看着彼此，还在调笑谁在故意砸地板。但紧随而来的剧烈晃动让所有没有经历过地震的人都慌了神，大家惶恐地向楼下奔去，可容纳几千人的教学楼此时充满了尖叫声和哭喊声。楼梯被人潮挤满，我和几个同学只能退回教室，躲在课桌下无助地看着彼此。那一刻，我的内心除了恐惧还有不甘，我感受到大自然的威力，也感慨生命的脆弱。我告诉自己，如果能顺利从教学楼逃出去，一定更好地珍惜生活。

和无数在汶川大地震中失去生命和家人的人相比，我是幸运的。在此之后，我们经历了无数次余震以及堰塞湖爆破后的危机，我和家人在街边简陋的地震棚住了大半个月，学校反复停课、复课，高考也因此延期了一个月。那段时间，我能感受到周围人内心的不安和躁动，然而在我的内心却似乎有着坚定的目标。白天我和同伴去医院做志愿者，尽可能帮助受伤的灾民，晚上我借着路灯和手电筒的灯光学习，每天都很充实，感觉生命很有意义。如今经历地震的苦难已渐渐远去，但却奠定了我未来生活的底色：勤奋、努力，做让生命有意义和价值的事。

多年之后，我选择了教育行业，希望能够引领年轻的一代寻求生命的光和意义。作为非师范专业的学生，入职之前我的教学经验略显单薄，站上讲台都缺乏底气。犹记得上第一节课前，我失眠了，一遍遍在脑子里演练自己课上要说的每一句话。我秉承着天道酬勤的信念，认真钻研教学，把握好每一次公开课和比赛的机会，努力实现自我能力的提升。2016 年北京市举办第一次生物教师实验技能大赛，其中有一项是创新实验。在确定实验方案之后，我一遍遍地调试试剂配方和演练实验流程，在实验室一待就是好几个小时。最后我的方案成功获得了此次技能大赛一等奖。2022 年，我本着提升自我教学能力的目的参加了北京市第三届京教杯青年教师基本功大赛。筹备过程中，我阅读学习了多本关于生物学和教育学的书籍，查阅了数篇文献，写了近三万字的教学设计，将深度学习理论融入大单元教学设计当中，成果获得教研员和评委的一致好评，荣获大赛一等奖。我从来不抱着功利的目的参加各项比赛和公开课，相反我很享受准备的过程，每一次都能感受到自我教学水平的精进，我也很愿意将教学经验转化为论文等成果进行分享，我认为这些成果都是我教师生涯的精神财富。

2023 年，我加入了年级管理团队，同时也是班主任。教学、班级管理和年级服务工作三管齐下，忙碌、充实是每日工作的常态。若说没有压力是不可能的，面对多线工作，我在不降低工作质量的基本要求下，尽量提高效率，科学规划时间和任务，勤奋踏实，行胜于言。教学方面，我依然坚持认真备课并广泛学习，尝试不同教学方式提高课堂效率；班主任工作方面，我本着对学生负责的态度，用自己最大的耐心包容学生的不成熟，关怀、指导并陪伴每个孩子的成长；年级工作方面，我虚心学习，认真配合。这个过程让我跳出普通教师的视角，开始思考学校建设和管理上的一些问题。

成为教师以来，北京师范大学"学为人师，行为世范"的校训一直铭记在我的心中。教师不仅是一份职业，更是一种坚守：坚守本真，坚守责任，坚守信念。北京八中的教师团队有着敬业奉献、本真致美、朴实低调的优良传统，而我也只是这个优秀团队的一员。在众多优秀前辈的引领下，努力成长，用敬业和专业站稳课堂，成为学生成长过程中的引路人。

孔　玮

勇于开拓创新 注重潜心育人

——做新时代有温度、有灵魂的科技教育实践者

科学是推动人类社会发展的主动力，帮助人类告别愚昧、摆脱迷信、走向文明。当前，随着新一轮科技革命加速演进，科学的价值愈发凸显，成为影响国际竞争格局和个体全面发展的重要因素。其中，在中小学阶段着力加强科学教育，是一体化推进教育、科技、人才高质量发展的必然要求，也是建设教育强国、实现高水平科技自立自强、全面建设社会主义现代化国家的基础性工程。

2021 年 7 月，中共中央办公厅、国务院办公厅印发了《关于进一步减轻义务教育阶段学生作业负担和校外培训负担的意见》，并发出通知，要求各地区各部门结合实际认真贯彻落实。2022 年，党的二十大报告指出我国已进入创新型国家行列。习近平总书记强调，要"深入实施科教兴国战略、人才强国战略、创新驱动发展战略"，并强调要"坚持教育优先发展""加快建设世界重要人才中心和创新高地""全面提高人才自主培养质量，着力造就拔尖创新人才"。基础教育阶段的创新人才培养，与中国式现代化和教育强国建设紧密相连。2023 年 2 月，习近平总书记指出，要在教育"双减"中做好科学教育加法，激发青少年好奇心、想象力、探求欲，培育具备科学家潜质、愿意献身科学研究事业的青少年群体。2023 年 5 月 29 日，习近平总书记在中共中央政治局第五次集体学习时强调："建设教育强国，基点在基础教育"，"基础教育既要夯

实学生的知识基础，也要激发学生崇尚科学、探索未知的兴趣，培养其探索性、创新性思维品质"。随着人工智能时代加速到来，"创新"成为真正的力量。

2023 年 5 月，教育部等十八部门联合印发《关于加强新时代中小学科学教育工作的意见》，文件从改进学校教学与服务、用好社会大课堂、做好相关改革衔接等方面入手，对加强中小学科学教育进行了系统性设计和制度性安排。可见，如何准确把握科学教育内涵，完善中小学科学教育体系，提高青少年科学素养，是一项事关全局、关乎未来的时代课题。北京八中作为"素质教育"的先驱，有着多年注重学生科技素养的基础和以打造"科技特色"为办学理念的实践。作为"大科学教育"中最核心和最重要的"科技教育"，在新时代全面培养学生核心素养和培养拔尖创新人才方面能够发挥其独有的优势，八中科技教育团队在校领导的高度重视和大力支持下，深入研究，逐渐形成有温度、有灵魂、有成效的"科技教育"特色实践。

前沿科技在引领，优秀人物以示范——创设良好教育氛围

科学教育是教育界和科技界乃至全社会的共同责任。如何整合社会各方资源，发挥各方优势，显著提高科学教育质量是学校与各方社会深入合作的核心。目前，中小学及家校社协同育人机制尚未完善，如何引领学生有兴趣"走近"和真正"走进"科学，是教师和校外导师共同面对的最主要问题。

我国几代科技工作者通过接续奋斗铸就的"两弹一星"精神、西迁精神、载人航天精神、科学家精神、探月精神、新时代北斗精神等，共同塑造了中国特色创新生态，成为支撑基础研究发展的不竭动力，更是我国对青少年进行科学教育的宝贵财富。国家提倡要在全社会大力弘扬追求真理、勇攀高峰的科学精神，广泛宣传基础研究等科技领域涌现的先进典型和事迹，教育引导广大科技工作者和青少年传承老一辈科学家以身许国、心系人民的光荣传统，把论文

写在祖国的大地上，把人才培养立足在中华民族的复兴伟业上。中小学校内科学教育在整个科学教育体系中占据核心地位。作为学生接受科学知识、养成科学思维习惯和培养探究实践能力的主要场所，八中充分发挥学校科学教育的师资优势和多年办学优势，在科学教育特色实验室课程开发方面深度研究，将校内资源与校外前沿科技资源充分融通，深度融合，以"项目式学习和跨学科教学"理念为指引，广开思路，采用丰富的教学方法与有智慧的教学策略，深受学生欢迎。根据学生的特点，建立了北京八中科技教育课程体系：学科科学必修课程 + 科技特色综合实践类课程 + 八中少年科学院（少年工程院）自主课程 + 科技类竞赛活动课程。引导鼓励学生在丰富多彩的科技教育教学活动中，全面提升科学素养和创新能力。在课程设置方面对于不同年级和不同认知水平的学生开设不同课程，多年来逐渐形成独具八中科技特色的综合实践系列课程，课程分为三级：针对广大学生的"科学通识课"、部分群体的"兴趣引领课"和少部分浓厚兴趣的"创新提升课"。课程方向涵盖前沿物理学、数学科学、生命科学、环境科学、人工智能、机器人、天文探索、航空航天、核科学等十几个大的科技领域。在课程内容设计中注重与学生基础学科知识学习紧密结合，注重理论与实践相结合，注重综合性和活动性原则，注重专业教师与学生共同开发，充分发挥师生的主观能动性和主人翁精神，以使课程有更好的适切性。建立科学有效的评价与反馈机制，人人是主人，人人是受益人，使进入这个群体的每一分子将课程开发和实施做成个人本能心愿，个人担当作为，在"双师"与"学生"间，以"科技"搭建兴趣和心灵桥梁，以特色"课程"为载体凝聚人心，以兴趣开始，以多赢为阶段性结果，以传承和升入高一级学校及后期的职业选择中良好的个人发展为持续的发展动力。

2012届毕业生赛同学是我校科技创新课程受益者。2009年入学的赛同学高一时借助学校创新课程资源幸运地加入了北京市青少年科技俱乐部。恰逢清华大学物理系与俱乐部即将开始合作，她通过面试，选择了天体物理的研究方向，跟随清华大学物理系老师学习、研究天体物理，完成了课题《超新星与其寄主星系中 H Ⅱ区的位置分布及其前身星性质研究》，致力于研究"超新星形成之前，恒星可能的状态"。每周，赛同学都要前往清华大学参加课题组会议，讨论研究课题进展。如若因故无法参加会议，她会主动发邮件联系老师或者与学长讨论下一步科研计划。"我深夜给老师发邮件询问问题，老师都能立刻给予答复，这让我真真切切感受到了科研的不易。"高中期间，赛同学参加了第三十二届北京市青少年科技创新大赛、"明天小小科学家"奖励活动等科技活动，用一次次参赛经历践行自己的天体物理梦。自小打下的学习、探究基础让赛同学能够快速着手研究。"因为我把别人大学干科研的经历全放在高中体验了。"高中的科研经历让赛同学在大学时从事科研工作得心应手，这也让她萌生了一个念头，她想当一名教师，让更多喜爱科学的学生能早些打下坚实的基础，让他们的科研梦早日成真。毕业后，赛同学如愿回到母校当了一名教师，用她的亲身经历引导学生学科学、爱科学。如今，赛同学经常带着学生参加科技活动，与他们一起进行天文观测，并对此深有感触："看着同学们仰望星空，就好像看见了曾经的自己。我深深感受到科技教育的重要性，也希望能为祖国培养更多的科研好苗子。"学校是"两弹一星"元勋邓稼先、天体物理学家林家翘、航天工程专家梁守磐的母校，也是赛同学的母校。优秀科学家精神引领和鼓舞着北京八中热爱科学的孩子们踏实前行。

潜心于科技教育，专注在探索创新——有效教学方法探索

科技教育教学，有着特殊的特点规律，我们恪守"兴趣引领下高效精准的个性化学习是培养高素质复合型人才的最好途径"的教育理念，研究探索激发兴趣、培养心智的打开方式。心理学家研究发现12—18岁，即中学阶段是一个人创造力培养的最佳时间，是培养科学素养、奠定人生发展的关键时期。科

技教育课程是为满足新时代发展对创新人才的需求而诞生的新课程，它的价值不在于传授知识本领，而在于对学生内在动力的激励、唤醒和鼓舞。科技创新学习倡导的是"兴趣是最好的老师"，必须了解并理解每一名学生的心理，注意呵护孩子们的心灵；适应他们的个性，因材施教，使每一堂课、每一次教学活动，都为他们打开一扇探索未知的窗口。聚焦学生的兴趣培养、整体发展和长足进步，帮助他们寻找正确科学的人生之路。其前提是，必须让每一名学生在科技创新学习和科技活动中，享受学习的幸福感、知识的获得感和做人的自信力。"科技教育"作为新课程改革和学校创新发展出现的教学形式在探索中起步，"教书"没有了"专门的教材"，"课堂"也不再有固定的教室，然而"社会"这部"大书"和"课堂"给予科技教育师生广阔的探索空间和资源。在每一个活动的设计、每一个项目的实施过程中，注重激发学生学习科学、热爱科学的兴趣，激励学生将兴趣转变为志趣；在做事的前提下，教育学生先学会做人，坚持"做人、做事、做学问"相融互促。在此过程中，学生不仅是经历一次次有意义、有内涵的科技研学旅行和探索学习活动，他们学习的成果也不仅是完成了一篇学术论文或研究报告或科技作品，更重要的是通过体验研究过程，他们以独特视角观察社会，感悟人生，更是从真实的社会中找到了学习新知识、应用已学知识的方法和途径，从而理智做事、法理做人，提高了综合能力，懂得感恩、责任、倾听、谦让，具备了自信力和创造力。

以爱育爱助人才凝心聚力结硕果——群策群力共铸辉煌

"用无限的师爱，开启每个学生的心灵。"我们把信任和期待的目光投向每一名学生，专注倾听他们的意见和需求，在各级教委、中国科协、北京科协和学校的大力支持下，在多位科学家的引领下，通过带领学生开展课题研究式学习，组织丰富多彩的科技教育活动，开启学生的兴奋点、拨动学生的情绪点、引发学生的共鸣点，使他们感受到师爱的温暖、获得知识的滋养，感悟科学的魅力，帮助鼓励每一名学生成为最好的自己。

教育活动重在培养科学态度、科学思维和科学精神。自古雄才多磨难，从来纨绔少伟男。科技创新之路艰难曲折，科技创新教育之路更是难若蜀道，"有德的教育"尤为重要。多年来，我们把国家对科技创新人才培养的国策作为教学的理念，使科技教育成为培养创新人才和发展学生核心素质的重要途径，引领学生热爱祖国、关注社会、关注身边的一点一滴，努力成为有益于国家和社会的人；引导他们善于思考、勇于探索、发现问题、解决问题，奠定人生发展基石；鼓励培养学生遇到困难时不畏缩、不退却，树立勇攀高峰、百折不挠、崇严尚实的科学态度。看到学生健康、快乐成长，看到他们升入理想大学，顺利适应大学生活、融入社会，听到他们"是老师们在最关键的时期为我们播下了科学的种子"而终生走上科学探索之路时，我们感到无比幸福、快乐和自豪！

循着擘画设计风雨兼程，收获了春华秋实。在青少年科技创新实践领域的国际赛事中，多项中国第一都是八中优秀学生创造的。我们的学生获国家、市区级奖励多达 200 余项。其中国家级青少年创新一等奖 35 项、二等奖 87 项，10 余名学生获北京市青少年科技创新市长奖，每年都有学生获得北京市银帆奖。

我们所带的万余名学生均升入重点大学，多名学生保送进入国内外顶尖大学读书。据后续追踪了解，升入大学和参加工作后，他们都是同龄人中的佼佼者，更难能可贵的是他们都对未知有强烈的探索欲望，懂得报效祖国、服务人民，真正实现了教育改革提出的"核心素养"对人才培养的要求。

为师者，传道授业解惑。"科技教师"必须开拓新的教育教学模式，以无私奉献的精神去感染学生，以渊博的知识去培育学生，以科学的方法去引导学生，以真诚的爱心去温暖学生，以高尚的师德去影响学生，以健全的人格塑造每一名学生的美好心灵，为祖国培养更多具有创新精神和实践能力的新一代人才，并将之作为人生最大的追求。

在努力创新教学的同时，我们整合资源，带领团队，开发系列科技创新课程和科技特色综合实践课程，建立贯通式科技创新人才培养体系。结合新的课程改革和学生课内学习需求，积极参与北京动物学会、中国运筹学会、中国林学会等学术团体的科普委员会及北京市科技教育促进会专家委员会建设，先后与清华、北大、中科院等多家单位的科学家建立长期合作机制，发挥资源优势，开展以生命科学为特色的科技教育活动，探索生命科学拔尖创新人才培养模式。充分利用八中丰富的教育生态，为我校及兄弟校的超常教育学生、初高中学生量身定制适合学生身心发展的个性化、贯通式、长链条的创新教育方案。开发各类科技创新课程 30 余门，受众学生达上万人。在不断学习和潜心教育教学的过程中，教师的教育教学能力也得到持续锻造和提高，多名"科技教师"被评为北京市、全国十佳科技教师，教师团队组织编写了《中学生科技创新案例点评与方法指导》和《生态第一课——中国的海洋、中国的山》等系列丛书，并发表学术论文多篇。连续多年，以西城区"中学科技名师工作室"专家和主持人为核心，聚集区内外三十余名优秀科技教师，系统开展科技教育教师研修活动，科技教师教育教学基本功提升工程等，辐射全市和全国上千所学校。部分教师已经能够独立开展科技教育工作，成为各校科技教育工作的重要骨干教师甚至是区域骨干教师。

北京八中集体还获评教育部"人工智能教育基地校"、北京市拔尖创新人才培养基地校、北京市教委金鹏科技团、金鹏科技团——机器人分团、北京市基础教育阶段创新人才培养项目——"翱翔计划"化学与生命科学基地校、"雏鹰计划"第一批试点校、北京市科技后备人才早期培养计划基地校、中国科协"英才计划"首批试点校、北京青少年科技俱乐部基地校、北京市初中开放性科学实践课程资源单位等。学校 2014 年被评为市级科技教育十佳创新学校，

2015 年被中国科协、教育部等单位评为"全国科技教育十佳创新学校"。

　　科技教育教学内容丰富、工作形式多样，科技教师生涯绚烂多彩，科技教育工作让人充满激情与活力。今后，继续仰望星空，脚踏实地，锐意进取，勤奋工作，带着青年教师和可爱的学生翱翔在科技的海洋，放飞为祖国培养更多创新型人才的梦想，驶向成功的彼岸。

高　颖

以体育人　砥砺前行

——在自然体育课程中培养学生"四自"精神

自然体育课程是以自然环境为依托，以户外体育运动为核心，以培养学生"自主、自信、自律、自强"为主旨，促进学生身心健康全面发展的体育创新课程。1985 年我校杜家良老师创立自然体育课，坚持每周一个下午带领学生走进大自然，开展远足、登山、骑车、划船、滑冰等充满趣味性和挑战性的体育运动，使学生在身心愉悦的运动中养成自主锻炼习惯、自信心理素质、自律修养意识、自强人格品质。自然体育拓展了学校教育资源，拓宽了体育教育场所，将自然与人文因素融入体育教学，极大地丰富了学校体育教育的内涵，弥补了校内体育教育的空白，推动了学校体育课程的特色化发展。

自然体育课程体系和育人模式

我校经过 38 年的创新探索与实践，建构了独特的自然体育课程体系和育人模式结构图。

1.自然体育课程目标体系

自然体育建构了促进学生"自主、自信、自律、自强"的课程目标体系，助力学生综合发展与终身发展。

自然体育课程体系及育人模式结构图（徐东良／供）

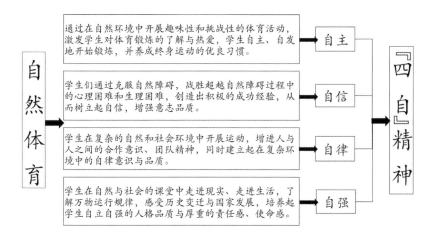

"四自"精神育人目标图（徐东良／供）

2. 自然体育课程设计原则

自然体育课程的设计遵循"科学性、锻炼性、教育性、趣味性、实用性"五位一体的原则。

表1　自然体育课程设计原则

科学性原则	内容的安排根据学生的年龄、生理发育、心理特点、对自然环境的适应能力发展的规律循序渐进；活动的程序从当时当地的实际出发，在充分了解实际情况的基础上进行设计；活动顺序按照从简单到复杂、从易到难的顺序安排。
锻炼性原则	各项活动均应考虑健体效果，有一定的负荷、密度及难度，并随着学生的成长不断变化。
教育性原则	坚持"健康第一"的指导思想，培养规则意识和合作能力，锻炼意志品质，陶冶善待自然的情感，形成为祖国建设锻炼身体的意识，使学生学会做人，培养健全人格。
趣味性原则	组织方法应体现生动活泼并充分发挥学生的积极性和主动性，帮助学生在活动中体验运动的乐趣，激发运动动机，在兴奋和愉快的情绪状态下掌握运动技能与方法。
实用性原则	选择的项目既是体育运动的项目又是贴近生活的内容，通过实践进行生命安全常识的教育及生存技能的锻炼。掌握运动的基础知识和技能，为体育运动向纵深发展提供条件，为终身锻炼打下基础。

3. 自然体育课程育人机制

自然体育课将体育运动、自然环境和人文社会三大领域有机结合，生成丰富、深厚、广博的综合课程，有效培养学生的运动乐趣、兴趣和为建设祖国锻炼身体的志趣，形成综合育人机制，实现 $1+1+1>3$ 的效果。

体育运动的选取遵循：①着重实用性与锻炼性相结合，提升学生的生存与生活能力；②学生喜爱、感兴趣的项目；③校内体育不涉及或不便开展的项目。通过在自然中开展体育运动，激发学生参与体育运动的兴趣，享受体育运动的乐趣。

自然环境的选取要考察地理环境、自然景观、气候条件等多种因素。其中，地理环境要多样，纳入不同的地势地貌，如山川、河流、丘陵等因素；自然景观的选取要有代表性；气候的考察要结合季节、温度，开展适宜的运动。

北京地处北方，一年四季气候变化明显。春秋季节风和日丽，神清气爽，适宜远足、定向、登山等运动；夏日酷暑难耐，心烦气躁，宜开展划船等水上运动项目；冬季北风呼啸，天寒地冻，适宜进行滑冰、滑雪项目。同时，可以利用气候的变化（雨雪日晒风霜等）作为自然障碍，磨炼学生的意志品质。

人文社会领域的选取与其他学科相结合，形成学科整合的教育模式，其中着重与历史、地理、语文、生物、艺术等学科相结合，并融入我国传统文化底蕴。如博物馆系列、公园系列、历史北京系列和传统节日系列等。自然与社会是最真实的课堂，学生的学习环境从狭小的校园、平面的书本扩展到广袤的自然和立体的现实场景，在真实的情境中，调动多感官共同参与学习，极大提高了学生的运动兴趣和锻炼效果。

体育运动与自然环境、人文因素的有机融合，使体育教育的育人效果叠加翻倍，增强学生体质，养成自主运动好习惯；激活脑神经发育，促进学生智力发展；增加多巴胺和内啡肽的释放，放松身心，调节情绪，产生愉悦情感和成功体验，促进良好心理素质的形成；磨炼意志，培养学生自立自强的人格品质；了解社会，形成强烈的社会责任感和使命感。

4.自然体育课程目标与内容安排

表2　自然体育课程目标与内容安排

课程总目标	技能目标	学会科学的健身方法、掌握科学锻炼身体的技术技能；学习在大自然中运用周围的工具进行科学、合理的身体锻炼方法。	
	情感目标		通过"五自激励"方法在练习中磨炼学生意志、挑战自我，感悟团队力量；增强心肺功能、增强体质，懂得自身身体监测及安全防范。
	社会与心理健康目标		在体育、自然、人文三者相互融合因素中亲近与了解自然，体验生存的环境，学习适应不同的生存环境的能力。

续表

课程类型	课程项目	课程目标	课程内容安排
户外拓展类	远足	亲近自然、了解自然、了解生存的环境、学会适应不同的生存环境；学会远足的健身方法、掌握科学锻炼身体的技术技能、增强心肺功能、增强体质，懂得自身身体监测及安全防范；磨炼意志、挑战自我，感悟团队力量。	设置 16 个主题，16 条不同的远足路线，8—20 公里不等。如"欢度国庆，健身爱国""取道山林，与自然为友""春意盎然，亲近白塔""辨别方向，增强体质""汗水挥洒，浇灌京城""挑战自我，磨炼意志"等。
	登山	学会登山的基本健身方法、学会看地图、掌握科学的锻炼身体技术技能；发展心肺功能，促进腿部肌肉力量的发展，增强体质；锻炼自己的耐渴、耐饿和抗挫折的能力；通过完成挑战活动，体验成功的喜悦，磨炼自身意志，增强社会适应能力。	开发八大处、香山、鹫峰、百望山等多座山作为拓展基地。登山教学内容的安排和选择需要在保证学生安全与运动负荷的前提下，综合考量对学生的综合素养（如传统文化及团队协作等）的培养，按照循序渐进、由易到难的原则进行设计安排。
	公园拓展	锻炼身体，增强体质，学习使用身边器材场地进行练习；接触自然，陶冶情操，放松身心；开展团队合作活动，培养团队精神。	开发天坛公园、宣武艺园、月坛公园、陶然亭公园、紫竹院公园、玉渊潭公园、北海公园、中山公园、海子公园、颐和园、景山公园、龙潭湖公园、园博园等地点，结合公园情况开展定向越野等项目。
	滑冰与轮滑	增加协调能力和平衡能力；体会基本滑行技能及安全知识。	动作模仿、滑行初步、原地和移动练习、一脚蹬地双脚滑行、高姿交替蹬地滑行、低姿蹬冰滑行、向前滑跑、走步弯道练习、滑跑弯道、双脚倒滑、交替倒滑、启动和急停。
生存生活类	游泳	学习并掌握基本游泳技术，增强心肺功能、增强体质，磨炼意志，挑战自我；树立自信自强的精神。	学习蛙泳、仰泳、自由泳、蝶泳等四种泳姿，要求毕业后至少掌握两种泳姿，并且能够连续游够 800 米。
	自行车	掌握自行车行驶技能及交通规则和安全知识；增强环境保护意识；提高远距离行驶能力，培养坚持性和意志力。	循序渐进掌握骑自行车的技能：独立骑行、校园模拟上路练习；校园周边、长距离上路练习 20—40 公里、骑自行车到天坛公园、骑自行车到颐和园、长途运动旅行练习 200 公里以上。
	划船	提升划船的技巧；了解相关的历史文化知识；培养合作意识和能力。	掌握握桨的基本姿势和方法，学习划桨的基本技术；水中练习：单桨船、同侧双划、异侧双划、四人轮划、双桨船；启航练习：原地启航、活动启航、转弯练习；速度练习；距离练习。

课程类型	课程项目	课程目标	课程内容安排
特色项目类	独轮车	培养学生对独轮车的兴趣爱好，学习了解独轮车的技术特点与锻炼价值，建立正确的动作概念；学习掌握独轮车的骑行技术，使学生能够独立骑行；发展学生的力量，提高身体的灵活性和平衡协调能力；培养学生的合作精神，勇于挑战自己，使学生在学习过程中不断建立自信，激发学生的学习兴趣。	循序渐进学习不同的运动技巧：三人一组、二人一组、一人一组、两人两辆车、多人手拉手多辆车、花样骑行等。
	空竹	掌握抖空竹的技术动作，锻炼身体；了解传统文化，培养民族自豪感，增强民族自信心。	学习启动技术、上扣加速、左右外抛、左右搭杆、胸前抱月、前后大回环、左右甩袖、左右望月、抛接技术、蚂蚁上树、小猴过桥、搭黄瓜架、摇辘轳、腿串臂串身体串、架子鼓、金蝉脱壳等技巧。
	腰旗橄榄球	了解运动特点与比赛方法；掌握正确传接球动作方法，发展跑动技巧；培养团队合作意识、创新意识及人际交往能力。	系统了解腰旗橄榄球的比赛规则，学习接传球、拉扯腰旗等相关技术，进行比赛。
学科整合类	多学科整合	增加人文历史等综合知识，提升人文素养，培养学生的家国情怀与责任担当。	着重与历史、地理、语文、生物、艺术等学科相结合，并融入我国传统文化底蕴。如博物馆系列、历史北京系列和传统节日系列等。

自然体育课程取得的成效

1.拓宽学校体育教育领域，促进学生身心健康全面发展，培育优秀学生

自然体育创办至今已有 36 个年头，近两千名超常教育实验班学生及其他实施自然体育的学校学生全程受益。相关学生的身体素质与运动能力、生存能力与心理品质、综合素养与人生价值均得到了显著提升。

（1）学生身体素质与运动能力的提升

学生由入学时身体素质与北京市同年龄学生差异不明显或略低于北京市平均水平，到毕业时身体素质显著优于北京市同龄人水平（P < 0.05），其身体

素质得到了显著增强。表 3 和表 4 为 14 岁男生、女生各项均值比较。表 5 为少儿班学生入学时与北京市同龄学生身体素质比较（10 岁），表 6 为少儿班学生毕业时与北京市同龄学生身体素质比较（14 岁）。

表 3　14 岁男生各项均值比较

项目 成绩内容 单位	生长发育			机能	身体素质			
	身高	体重	胸围	肺活量	50米	立定跳远	1000米	引体向上
少儿班 1-6 班 （1985-1999）	168.99 Cm	55.87 kg	81.78 cm	3727.98	7"5	223.4 Cm	230"4	10.52 个
北京市（1995）	167.98 Cm	55.56 kg	81.42 cm	3538	7"75	216.49 Cm	247"34	3.62 个
中国城市汉族 （1995）	164.25 Cm	50.83 kg	78.01 cm	3125.2	8"04	207.97 cm	243"67	4.27 个

表 4　14 岁女生各项均值比较

项目 成绩内容 单位	生长发育			机能	身体素质			
	身高	体重	胸围	肺活量	50米	立定跳远	1000米	仰卧起坐
少儿班 1-6 班 （1985-1999）	161.97 Cm	50.01 Kg	77.8 Cm	2946.9	8"24	187.6 Cm	208"3	47.52 个
北京市（1995）	160.48 Cm	50.0 Kg	77.03 Cm	2850	8"85	176.83 Cm	233"9	41.61 个
中国城市汉族 （1995）	157.24 cm	46.73 kg	75.9 cm	2445	9"22	168.1 cm	259"7	33.98 个

表 5　少儿班学生入学时与北京市同龄学生身体素质比较（10 岁）

	男生						女生					
	50 米		50 米 *8		立定跳远		50 米		50 米 *8		立定跳远	
	少儿班	北京市	少儿班	北京市	少儿班	北京市	少儿班	北京市	少儿班	北京市	少儿班	北京市
均值	9.44	9.37	119.58	113.98	161.49	160.01	9.30	9.77	120.21	122.98	166.39	151.29
标准差	0.74	0.72	13.43	10.63	17.18	13.35	0.67	0.76	28.36	20.39	15.96	15.77

表6　少儿班学生毕业时与北京市同龄学生身体素质比较（14岁）

	男生						女生					
	50米		1000米		立定跳远		50米		800米		立定跳远	
	少儿班	北京市	少儿班	北京市	少儿班	北京市	少儿班	北京市	少儿班	北京市	少儿班	北京市
均值	7.44	8.11	226.55	270.15	221.02	209.65	8.33	9.15	211.93	249.36	191.99	171.03
标准差	0.45	0.80	20.13	40.59	17.47	23.60	0.45	0.83	17.62	27.88	14.19	16.50

通过自然体育运动，学生掌握了多项运动技能，具备了良好的适应能力。相关学生全部学会游泳，很多人掌握2—3种姿势（蛙泳、仰泳、自由泳）；可从3—7米台的高处跳入深水之中；可以连续远足行走15—20公里；能攀爬较多山脉地形。

很多学生一直保持着浓厚的运动兴趣，养成良好的运动习惯。不少学生还成了大学的体育骨干和积极分子，并在比赛中取得优良成绩。2011年，毕业生GZ在第一个孩子出生前完成了第一次全程马拉松；2012年，在第二个孩子出生前完成了第一次德州接力比赛，12人200英里（320千米）；2013年第一次参加铁人三项赛；2014年完成休斯敦至奥斯汀177英里自行车公路赛……面对这些成绩，GZ却说："回想起来，以上所有的项目，我们在自然体育课就都完成过了——每周的游泳、北京至山海关的自行车骑行、14岁时21公里长走……33岁的时候只是再走一遍而已。"

（2）学生生存能力与心理品质的提升

通过自然体育的锻炼，学生的合作意识、抗挫能力、乐观品质、自信、自强等均得到显著提升。有学生在日记中写道，不久前我们从八大处向香山进军，开始觉得不太可能，然而我们竟顽强地走下来了。当时我们并不觉得累，只觉得有一股力量在支持着我们，永不枯竭，这就是锻炼出来的力量。人的能力很大，在大自然中锻炼会使人的能力更大。

表7　自然体育锻炼前后学生意志品质对比分析

时间/分值	平均数（M）	标准差（SD）	P 值
入学时	64.91	10.84	P＜0.05
3 年后	76.88	8.06	

表8　自然体育锻炼后合作意识对比分析

合作维度	班级	平均数（M）	标准差（SD）	P 值
合作意识	实验班	13.28	2.10	P＜0.05
	对照班	12.75	1.88	

（3）学生综合素养与人生价值的提升

大自然蕴含着无穷的生机与资源，在与自然和社会的接触中，学生的生存能力、生活能力和适应能力都得到了有效提升。在了解自然的同时也更加爱护自然，在看到社会现实的同时引发更深入的思考，其社会责任感和使命感油然而生。

从经常性的反馈及对学生的系统追踪结果看，北京八中超常教育的学生普遍身体素质良好，具有顽强的毅力和勇于挑战的精神，如2016年东吴24小时超马赛的首位总排"女"冠军单盈，2018年获得第十四届中国青年女科学家奖的许琪，31岁成为哈佛大学物理系正教授的尹希等。自然体育达到了培养经世致用人才的教育目标。

2.激发学校体育教育活力，助力体育教师成长，培育优秀教师队伍

我校的自然体育，培养了一批视野开阔、善于创新、科学育人、有责任担当的体育教师。他们热爱学生、关心学生，拥有坚定的理想信念，具备扎实的体育专业知识技能和较高的综合素养，他们在自主、自信、自律和自强等方面均成为学生学习的榜样。他们用吃苦耐劳和勇于担当的精神培养了这样的学生，深受学生喜爱。开展自然体育课的老师们需要整合多方资源与多学科知识技能，促进了教师的专业素养及综合能力的发展，使他们成为团队内的骨干和

中坚力量。

3.丰富学校体育教育内涵，推动学校体育教育特色化优质发展，形成优秀育人经验

1996年4月5日，北京市组织召开"杜家良教育思想研讨会"，国家教委体卫司、体卫处副处长毛振明、北京市中小学体育运动协会会长杨玉民、北京教研部主任刘英杰等领导同志出席会议并对杜家良的教学思想和自然体育课程给予高度评价。

杜家良老师撰写的《关于勇敢意志的培养与测试》得到了北京教育学院院长温寒江先生、中科院心理所查子秀研究员和北师大心理学专家林崇德教授的高度认可。《自然体育的实践》《奔向大自然》《把学生还给大自然》《放飞的孩子》《自然体育决定了我的人生态度》《快乐教育上清华》《我校体育课程设置对少儿班学生身体素质影响的分析研究》《体育教学对少儿班学生意志力的积极作用》《通过体育教学提高学生"团结与合作"能力》等相关多篇文章发表在各大期刊，或在市、区的论文评审中获奖。

杜家良老师教学思想研讨会及社会报道（徐东良／供）

自然体育拓展了学校教育资源，拓宽了体育教育场所，将自然与人文因素融入体育教学，极大地丰富了学校体育教育的内涵，推动了我校体育课程和超常教育的特色化发展。同时，自然体育课程推广应用到北京八中学校初中部、北京育民小学、西安高新一中、北京八中北海实验中学、山东崇德中学等全国多所学校，取得了良好的示范和辐射效应。

以体育人，砥砺前行

自然体育创办至今已有 38 个年头，从初期的大胆试验到中期的完善优化再到现在的总结推广，在长期实践探索中，我们积累了丰富的经验，取得了可喜的成果，同时也意识到还有探索和提升的空间。

一是如何更广泛地推广，让更多的学校实施，更多的学生受益。随着城市化的发展，自然空间正在逐渐缩减，儿童远离自然产生更多身体和心理问题，推广自然体育课，可以为目前很多教育难点问题提供解决方案。如何充分利用有限的自然资源保障自然体育课程的优质高效实施，如何优化教师培养体系，不断提高自然体育育人水平，亦是一个永无止境的探索。

二是如何让自然体育成为落实当前国家"双减"难题的有效途径。"双减"政策的落实，需要借助科学合理的途径。自然体育课程可以有效地把学生带到自然环境中进行体育锻炼、放松身心、减少学生学业负担和课外培训负担，促进学生身心健康全面发展。

天将降大任于斯人也，必先苦其心志，劳其筋骨。我校自然体育课经过多年持续创新和长期实践，创造了全面育人的体育教学模式，形成了别具特色、颇见成效且具有示范价值的自然体育课程体系。不仅教育了一批拥有"四自"精神的优秀学生，培养了一批具有"四自"精神的体育教师，而且形成了以体育为基础、以德育为核心，创新氛围浓厚、学科交叉整合、全面立德树人的教育体系。

我们衷心希望自然体育课这一有益于学生身心健康的体育创新课程能够推广到全国更多学校，为实现以体育人的教育目标和中华民族的伟大复兴贡献力量！

王俊成　杜家良　何　静　徐东良　徐洪涛

讲述真读故事　赓续真读精神

"真读"是八中乃至西城区的一个响亮的品牌，从创立之日起，便受到师生、家长的好评，斩获各级奖项，获批各种课题。为什么它能得到如此广泛的支持？我作为全程跟进的参与者，向您讲述真读的故事。

筚路蓝缕，以启山林

整本书阅读教学历来是学生、教师、家长的痛点。学生苦于长难文本读不懂、没方法；教师苦于周期长、反馈慢，不能及时指导；学生读不下去，家长更是束手无策。2018年寒假，刘艳老师带领学生阅读《红楼梦》，并用"问卷星"组织学生答题、收集数据，这使她对"信息化辅助教学"产生了新的思考。能不能有一款读书软件，能根据学生的阅读进度，每天提供相应的导读内容和试题检测，以激发学生的阅读兴趣，帮助学生阅读理解？如果没有，那便自我而始。从此，刘老师开始投入到这项开创性的工作中，从联系技术公司到讨论软件的逻辑架构，甚至到确定菜单栏的每项链接及内容。经过研发，在2018年6月致力于带领学生深度阅读的名著阅读平台——"真读平台"从构想变为现实。仅有外壳还远远不够，高质量的内核才是精髓。要构建"教—学—评"一体化的线上平台，优质的领读微课内容以及测评内容才是核心。于是，刘老师带领十余位致力于推动青少年整本书阅读的一线教师，开始着手书目开发。老师们精心选定书目，撰写导言，编制试题，为学生提供最适切的阅读资源。通过邀请播音主持专业的大学生负责录制朗读视频，将一节节微课娓娓道来。不断优化、不断改进，制作微课、修订测评题目历时三年。

开创的过程总是伴随着困难，但幸运的是，这一路上总有人奔赴热爱，携手同行。人手不够，我们便招募大学生志愿者，负责联系学校建组和后台运营。课程资源的升级要求高、任务重，但老师们不辞辛劳，利用休息时间反复修改，精心打磨。最大的困难是缺少资金，平台升级、技术维护、活动支出……这些费用让我们始料未及，以至于"真读"曾一度因此难以维系下去。为此刘老师不得不四处奔走，苦苦支撑，好似孔子周游列国，只为实现心中的理想。

如今，轻舟已过万重山。在西城区教委、八中领导的大力支持下，"真读平台"逐渐步入正轨，发展壮大，不仅实现了视频微课、答题检测、交流分享、学生数据统计等功能，形成了以部编教材必读书目为核心的阅读资源库，成为师生、家长信赖的优质阅读平台，而且汇聚了一群热爱阅读的同行者，这支"真读团队"会继续将这份事业矢志不渝地坚持下去。

惟实励新，精进至善

创立平台、建设阅读资源库是语文教育的创新，更是探索前人未有的浩大工程，但我们深知，这只是万里长征第一步，用好平台帮助学生、支持教师、服务学校，让越来越多师生从"真"阅读、"深"阅读中受益，才是我们的目标和初衷。六年来，"真读团队"一直在这条道路上厚植深耕，笃行不息。

试想你是一个即将进入八中的初中生，在开学前的暑假里，你将和同学们用"真读平台"共读西游故事，每天在"导读核心"中观看视频微课，带着问题进入阅读；在"万卷通关"中答题检测，深度思考；在"思考分享"中欣赏同学们的真知灼见，互相学习。开学后的名著阅读课同样精彩，讨论课上唇枪舌剑的争锋，展示课上异彩纷呈的亮相，专题探究课上精辟独到的思辨，都会让人受益良多。这种阅读方式不仅贯穿整个初中三年，更会培养终身阅读习惯，提升自主阅读能力。这就是"真读"所提倡和践行的"线上 + 线下 + 自主"的融合式整本书阅读理念。课题组曾对西城区参与课题研究的十所学校的 1239 名学生进行调研。数据表明，学生在阅读时长、阅读频率、阅读效果、语文能力及学科素养等各个方面都有显著提升，尤其在理解文本、深入思考、形成方法等方面效果显著，自主阅读能力得到提高。

如何让阅读走出校园，引领社会的阅读风尚？"同伴阅读"是"真读平台"的另一个创举。自 2018 年 10 月推出之日起，面向社会群体开放的"同伴阅读"便吸引了众多读者参与，后来更是凭借着真实阅读、专业引领的优势强势"出圈"，出现期期爆满、一席难求的盛况。截至 2024 年寒假，累计开展 27 期，领读书目近百本，参与读者超 7000 人次。它的火爆离不开领读老师的专业素养，他们深耕文本，查阅资料，精心组织讨论，精到的讲解往往令人印象深刻；离不开"真友"们所营造的浓郁的阅读氛围，大读者引经据典，议论深刻，小读者则妙语连珠，独具匠心，每次讨论都是一场酣畅淋漓的文化盛宴，也离不开规范的组织指导，团队制定统一的工作流程，读前对领读和助教老师进行培训，读后总结得失，在实践中积累经验，日臻完善。

"教师阅读"也在 2023 年 1 月如火如荼地开展起来。读《野草》，感受鲁迅孤独彷徨背后的精神力量；读《人间词话》，在品鉴词论中涵养词心；读《正面管教》，对自己管教学生的方式进行自省和改进。在繁忙的工作之余读上一本好书，或浸润心灵，或启迪思想，或促进专业成长，我们希望让老师也成为"真读"的践行者和受益者。

如今，"真读平台"累计为全国 35 所学校（含 8 所农村中学）提供了公益性软件支持、微课导读、测评资源等服务，累计建立 900 个阅读教学社群（每个教学社群即一个自然班），平台在读人数达两万多人。以共建、共治、共享拓展整本书阅读教学的新局面，形成教育的新场景、新样态。为全国整本书阅读教学提供实践示范，为推动公平而有质量的教育作出贡献。

躬耕不辍，砥砺前行

历经六年的栉风沐雨，我们以"真读"为起点，不断拓展研究半径，如今已是硕果累累。2019 年，"基于微信平台的'交互式'整本书阅读教学策略研究"在第五届中国教育创新成果公益博览会上展出，并入选北京市教育信息化"信息技术与课堂应用融合创新课题"。2021 年，"融合式阅读：'线上 + 线下 + 自主'大阅读体系的构建与实施"获得北京市基础教育教学成果二等奖，并荣获"第五届全球未来教育设计大赛"教师赛道一等奖。基于"真读"的整本书阅读研究虽然成绩斐然；但刘老师没有停滞半分，马不停蹄地带领团队进军新的研究突破点。

随着评价研究的日益深化，以整本书为内容的大单元教学中，普遍缺乏完整的评价维度与评价体系，评价功能未能发挥。众所周知，评价研究是难点，因其专业性强、不易操作而令众多一线教师望而生畏。在过去的一年中，我们经历了比以往更为艰难的孕育过程。我们试图从现有的文献中捕捉灵感，却发现整本书阅读关键能力评价指标是一个空白的领域。我们在课标中追寻支撑，一遍遍梳理那些被反复提及的词语，在"过程性评价"和"表现性评价"中窥得门径。一有机会，刘老师便"求知若渴"地拿着研究中的问题向专家真诚求教，专家的及时指点也总能帮我们启迪思路，指明方向。记不清有多少次的讨论和修改，研究思路才终于明朗，只记得每一次拨云见日时的欣喜和振奋。在共同努力之下，阅读评价成果已经初具雏形，我相信它将是"真读"的下一个巅峰。

回顾"真读平台"六年来的发展，令人不禁感慨颇多。现在我可以回答一开始的问题，是什么成就了"真读"？是筚路蓝缕、以启山林的勇于开拓，是惟实励新、精进至善的实干创新，是躬耕不辍、砥砺前行的上下求索。而这，正是"真读精神"。希望下一个六年，我还能继续向您讲述"真读"的故事。

王璐瑶

谈英语教育观

为什么提出"英语教育观"

当我们的学生进入学校，我们不能仅对他们的短期目标——中高考成绩负责，更为重要的是帮助学生通过英语学习更好地认识世界、认识自我和更快乐自信地生活，从而成为幸福的人，对社会有价值的人！因此，英语教育观的信念就是：高德高分，高能高分；超越高考，赢得人生！

英语教育观的实施

教育信念

在当今信息爆炸、社会急速发展的时代，AI 无处不在，应试教学面临着极大的挑战。所以，我坚信只有把教育当作一生的事业，甚至是使命，内心充满坚定教育信念的人，才不会怨天尤人，随波逐流，甚至是教育躺平。

对于教育信念，我一直坚信真正的教育应该是爱的教育。爱是对学生的信任，兴趣则是教育的底线。英语教育是以人为本的学科，它的艺术不在于传授知识和技能，而在于激励、唤醒和鼓舞！在教学实践中，我一直探求着，并遵循着教育教学规律以及语言学习规律，时刻关注学生的整体发展，关注他们的身心健康。坚决反对以考代教、以考代学的教学模式；坚决反对抢占时间，大搞题海战术的教学方式；坚决反对耗时低效的英语教学。我坚信真正的教育不是一种技巧，而是坚定的修养，这种修养需要长期修炼提升，沉淀在内心深处。只有做真正教育的老师才能帮助学生成为心中有爱、眼中有光的人！

课程建设

在三十三年的英语教学实践中，我勇于创新，探索出了一条依据学生心理，采用启发和体验式教学，充分调动学生英语学习积极性和自主性，全方位培养学生兴趣和能力的英语素质多元化教学法，并取得了突出的成绩。

首先，我和八中的同仁们共同创立了北京八中的英语课程目标：提高学生学习英语的兴趣，培养英语学习的综合能力，注重整体素质的提高；通过教师教学方式的转变，使学生具有自主学习和合作学习的观念；增强国际化意识，爱国情怀，拓宽视野，形成健全的情感、态度和价值观；为使英语成为伴随终身的一技之长打下坚实的基础，注重提高人文素养。

其次，以英语课程目标为依托，北京八中英语教学也逐步形成了自己的特点和风格：以学生为中心，以学生的终身发展为基本出发点，力求体现素质教育的思想；以能力为目标的分级课程体系，保证课程的整体性、灵活性和开放性，注重因材施教；倡导体验、实践、参与、交流与合作的学习方式，强调学生能用英语做事情；注重评价对学生的激励作用，建立了形成性与终结性相结合的课程评价体系；强调课程资源的开发与利用，编写适合本校学生水平的校本教材；突出教师自己的特色，创新自己的课堂，形成研究型和合作型的团队集体。

同时，我们建立了系统的八中英语课程体系：必修课 + 选修课 + 年级展演 + 英语社团。这个课程体系的理念就是鼓励学生在做中学、在用中学，也就是在体验中真正学会英语。因为我们掌握的语言在交际中才会有生命力，人们在使用语言的过程中才能真正学会使用语言的教学理念。

教育观下的英语必修课包括精读课、泛读课、实践课三种课型。我们的英语必修课不是只停留在词汇、语法加考试的层面上，而是真正体现学科育人，体会语言所承载的文化意义和所传递的思维品质，从而让学生水到渠成地学会英语。

1.精读课

众所周知，课堂才是教师的天空，教育的真正发生是在每天的课堂中，所以上好每一节课，是做好教师的根基。作为曾经的教研组长，我鼓励每一位英语老师在自己的课堂中默默地创新改革，而英语的课堂改革应基于教材、超越教材，基于课堂、超越课堂，基于教师、超越教师。我坚持用教材教英语，而不是教教材，更不是教考试技巧。

当然，精读课除了依据话题展开"听说读写看"的教学活动以外，我还将词汇课、语法课、写作课的专题教学贯穿其中，尽可能地与单元话题相关，只有到高三才会涉及针对考试题型的策略指导和相应训练。外语组还建立了英语备课组的集体备课制，假期分头备课，开学共同分享教学思路和课件，分工合作，互帮互学，启迪智慧。

2.泛读课

在这三十多年的英语教学实践中，我带领八中的英语老师们不局限于统一教材，实施了引进原版小说和外刊的阅读，在最大程度上为学生提供原汁原味的英语输入，不仅激发了学生学习英语的兴趣，而且提升了他们语言综合运用能力以及人文素养，并促进了教师本人的自身发展，从而使语言课程的工具性和人文性达到了比较完美的统一。我们还为每部小说的教学制订了相应的教学目标，包括知识与能力目标、过程与方法目标以及情感态度与价值观目标。依据教学目标，以及每本小说的主题、篇幅、难度和学生的阅读速度，再具体设计小说的教学内容以及课堂实践活动等。

英语教育观下的泛读课堂都是追求让教师在教学过程中享受智慧的挑战，享受创造的快乐，并让学生享受与英语共同成长的幸福。我从不强迫学生学英语，而是用文化的博大、人性的美善、语言的优美、师生的情谊来吸引学生们学好英语，用创新和体验的方式去教授英语。

3.实践课

英语教育观下实践课的理念是：教师只有转变观念，转变自身角色，做到"让学""赋权"，才能帮助学生主动学习，使其学会学习，从"要我学"到"我要学"，学生才能真正掌握英语。高一至高三我分别设计了不同的教学实践课程。以配音、展示、歌曲、戏剧、演讲、辩论、新闻聊天室、创意写作、英语微电影、英语论坛、艺术画廊等路径检验学生的英语输出水平，从而有效提升了他们的语言运用能力以及人文综合素养。

八中外语组还系统地创立了教育观下的选修课、年级展演、学生社团等。事实证明，通过丰富多彩的英语教学活动，学生的英语能力和综合素养才能得到全面提升。

三十多年的教书生涯，我做了十年班主任，也教过初中和高中，经历过普通班、实验班、超常儿童班等，我对自己的英语教学要求永远是不停止创新。通过研究教育教学规律，遵循语言学习规律，依据学生各个年龄段的不同特点，我不断创新英语教学，包括授课方式、作业内容、评价体系等，在实践中不断提升，每一天都在努力践行着英语教育观。

教学相长

当今各大媒体常常提及"职业倦怠"，教师的职业倦怠期也来得越来越早了。但是，如果教师以自身富有创造性的教学去启发学生，同时学生的创造力也可以感染教师的情感，激发教师的创造力，并帮助教师实现专业化成长，我想教师的倦怠期就会"姗姗来迟"。要想成为幸福的教师，就要真诚地面对学生、帮助学生、欣赏学生与学生共同成长，即教学相长。

教学相长，意味着教师要多倾听学生的声音，学会转换自己的教师角色。只有教师和学生真诚以对，教师和学生之间的交流和沟通才有意义和价值。教育就是互相寻找、发现，彼此增进了解的成长过程。

英语素质教育

如果让我给英语教育观再定义的话，我把它称为英语的素质教育。八中是最早提出和实施素质教育的学校，也是老师和学生成长的摇篮。我认为素质教育也可以理解为"老师乐教，学生乐学"。我想在我个人无力改变来自外界各方面的压力时，我至少可以把快乐带进我的课堂，让学生们在快乐中不仅学到知识，更多的是在快乐中增长智慧，走出自信幸福的人生。我愿和所有的八中老师一道始终对教育拥有一颗纯粹的心，时刻提醒自己教育为何出发，每天去践行自己的教育观，永远成为一名幸福的教师！

汪　艳

第五篇　乐教爱生、甘于奉献

—— 学生在我心中，我在学生身边

乐教爱生、甘于奉献的仁爱之心是教育家精神的崇高情怀。"学生在我心中，我在学生身边"是每一位八中教师的座右铭。或源于热爱，他们甘当人梯，诲人不倦，衣带渐宽终不悔，只为桃李绽清芬；或基于责任，他们勤勉治学，埋首科研，咬定青山不放松，立根原在破岩中；或出于情怀，他们兢兢业业，任劳任怨，俯首甘为孺子牛，满腔热忱尽全力……怀着这样的信仰、信念和信心，八中教师无声践行、无悔坚守、无问西东。

致　美

自古以来，从孔子的"道不远人""人能弘道"，到陈仲举"言为士则，行为世范"，再到启功先生提出的"学为人师，行为世范"，这些一直是为人师表者的内省与自觉。当一个人既是老师，又是共产党员时，这种责任感与使命感就更为强烈。他们总是用习以为常的一言一行，日复一日地躬行，且不知这无数个不起眼的细节到处散发着美，凝聚着无声的力量。

立己立人

高峰老师在网上巡课时偶然捕捉到一个镜头。乍一看，未有特殊之处，只是张雪燕老师的网课视频截图。但仔细观察，你会发现张老师身处卫生间。了解后，我们才知道她家有三个人同时上网课，不得已，张老师只能转移工作阵地。为了保证网课效果，她不顾现实困难，开启摄像头。

其实网课实行之初，老师们因各种原因较少开启摄像头。面对问题，我们没有逃避，从支部会到备课组会，再到全体教师会，大家群策群力。我们的党员教师有直面问题的魄力和解决困难的智慧。老师们的勇气和自觉、付出与担当大概来自为人师表的初心，先行其言，而后从之，方能立己立人。虽然镜头前的大家一如往常的质朴，但我依然想说，此时你们的美是动人的。

不索何获

有一次，初二历史备课组在讲民族区域自治制度时，发现以前的描述与当前地理学科的提法略有不同，一个是"大杂居，小聚居，交错杂居"，另一个是"大散居，小聚居，交错杂居"，到底哪个正确？不曾想，这一字之差的"小发现"竟引发了两个备课组之间的一场线上"微教研"。很幸运，我们拥有由各个学科的优秀同事组成的知识宝库，各种新奇的问题都能在大家的刨根问底之下获得解答。

毛主席说："世界上怕就怕'认真'二字，共产党就最讲认真。"是"杂"还是"散"，对一个字的"较真"体现了党员教师严谨治学的态度。道路漫漫，上下求索，我们不曾停止对知识最直接、朴素的渴求，这种纯粹、本真的美是迷人的。

上下同欲者胜

这是一个关于大白的故事，化身为大白的他们无法通过照片识别。学考前两天，学校突然接到区里紧急通知，要求派两位老师进入管控酒店，三天封闭，全程陪伴隔离学生参加考试。在一切都不明朗的情况下，满超和马腾两位青年党员教师没有半点迟疑，立即转变身份，开会培训。在上完校内最后一节课后，就背包出发了，甚至都来不及跟家人报备。他们的到来，给五名少不更事的孩子带去了心灵的慰藉，但留给自己的却是风险与不确定。

如此不顾及自我的人，还有饭菜刚打来还来不及吃又被晾凉的王薇大夫。每天清晨其都准时出现在校门口，夏战酷暑、冬战严寒，这一守护便是多年。

三年来一同守护的还有他们，班主任们不辞辛苦，时刻陪伴；任课教师争分夺秒，答疑解惑；年级团队、教学处和学生处的老师日夜坚守，全盘规划；

后勤老师也是随时待命，任劳任怨。"人人欲战，则所向无前"，这种团结雄壮、充满力量的美是震撼人心的。

文字太过朴素，朴素到不足以诉说和承载那些动人闪光的瞬间，但日积月累的力量会让符号背后的意义不断向上生长。共产党人总是在一次又一次默默无闻的坚守中，让党的精神跨越时空、历久弥新。八中人定会在致美的路上，为党的精神谱系注入自己的时代特色！

莫 亮

仰望星空　脚踏实地

——记北京八中国家级和市级视频课程录制

我国非常重视网络及数字资源在国家中小学教育中的应用。习近平总书记在《加快推进网络强国建设》中指出："我们认识到，网信工作涉及众多领域，要加强统筹协调、实施综合治理，形成强大工作合力。要把握好安全和发展、自由和秩序、开放和自主、管理和服务的辩证关系，整体推进网络内容建设、网络安全、信息化、网络空间国际治理等各项工作。"①

仰望星空，脚踏实地

2020年，教育部紧急开发建设了国家中小学网络云平台，主要提供专题教育和课程教学两大类优质资源，为保障"停课不停学"和学生自主学习、教师改进教学发挥了重要作用。北京八中作为国家中小学网络云平台录课基地，承接了视频课程录制任务。

在那段最困难的日子里，我们冲在了前面。学生宅家学习，教师居家上课，我们每天在学校都会接触校外人员。虽有风险，也因此不安，但仍然冲锋在前，通过脚踏实地的点滴努力，录制了719节视频课程。摄制组的老师们

---

① 《习近平著作选读》第二卷，人民出版社2023年版，第148—149页。

说："我们既然接受了这项政治任务，就要把这项工作尽量干好。"

技术过硬，追求高质

摄制组的每一位老师都非常熟悉整个视频课程拍摄流程，能够熟练操作每一台用到的摄录编设备，熟练掌握机位设置、构图、布景、摄像、抠图技巧。每次拍摄，精细操作，认真听审，仔细记录。熟练掌握非线性编辑软件，会根据拍摄情况和教学内容编辑要求采用相应的技巧，力求连贯流畅，保证教学内容完美呈现。

无论是前期拍摄，还是后期编辑，遇到问题时，摄制组老师们都能与授课教师及审核专家沟通、协作，解决摄录过程中的各种问题，确保最终的视频编辑符合教学需求，达到预定的教学目标。

录制前后，摄制组的老师们利用掌握的技术耐心指导，给授课教师和监听专家留下了深刻印象。北京市房山区一位老师说："我们看到的是你们精湛的技艺。我们学到的是你们的高度敬业精神。我们要说的是：感谢！感谢！感谢摄制组的全体老师！视频课程的'军功章'上有我们的一半，更有你们的一半！"

关注细节，全心专注

舍弃涓涓细流，沧海还能成其大吗？细犹不谨何以成壮志？秉承不辞细流的守拙追求，让微末之处的涓涓细流交汇，方能成就我们未来的星辰大海。

摄制组精益求精的工作作风给授课老师们留下了难忘的印象。每天，摄制组的老师们审看课件，和授课老师沟通，依次进行摄像、编辑、生成、刻盘、校验、复制、填表、打印、上传，细致入微做好各环节工作。就这样，我们每天重复着同样的工作，始终如一，诠释和践行着工匠精神。

录制和编辑不是简单的机械操作，还需深度思索。按照摄制规范，确定整个视频课程风格。无论是录制，还是编辑，我们都努力让画面展示的内容符合教育教学需求，符合学生心理发展特点。

摄制组老师们的认真负责、细心周到为授课教师和审核专家所称赞。录制视频课程，不仅展现了我们作为摄制工作者的专业技能素养，还展现了我们作为教育工作者的情怀。教育的情怀能够让我们始终保持激情、热爱以及对教育的执着追求。

永不懈怠，坚韧执着

每节视频课都是各方用心努力的结晶。授课教师克服各种困难，制作PPT、准备文字稿和学生录音，认真授课；人教社和北京教科院的专家老师们拍摄前对文字稿和PPT认真预审，视频课制作完成后再仔细审核；在准备视频课的过程中，市区级的专家、教师都给予了授课教师很大的帮助，他们付出了很多心血。

每节视频课也是摄制组的老师们坚韧执着、倾力耕耘的成果。摄制组的老师们日复一日，认真、热情、耐心地指导授课老师制作课件，及时提醒授课老师录像时的妆容和穿着。

拍摄课程多，任务重，每天连续工作时间长，有的老师因为劳累腰肌劳损，走起路来很不方便，但戴上护腰后仍然坚持拍摄工作。结束紧张工作后回家，路上遇到的邻居说："你显得很疲劳，看起来一定很忙吧。"

在那段困难的日子里，我们坚持奋斗着。我们为设备焦急，我们为软件焦急，我们也为时间不够焦急，因为视频课程要在规定的时间上线。摄制组有的老师工作到很晚，就睡在了办公室的躺椅上；有的老师回到家时，已经是凌晨。

即使很累，也依旧充满热情、耐心和细心。有位授课老师这样写道："无论发生了什么，都能看到您的笑脸，无论错了或者不完美多少次，都有耐心的指导和宽慰的话语。是您疏解了我紧张的情绪，是您高超的技术为我录制了精彩的课程，是您细心的指导让我做到精益求精。谢谢您！"

团结互助，携手并进

默默付出，彼此成就。摄制组的老师们热情、亲切、耐心，与授课教师和审核专家关系融洽。北京教育科学研究院的教师说："当我紧张忙碌之时，鼓励、建议让人放松、舒展。感谢八中！感谢摄制组每位老师！"房山区的一位教师说："您的细心、贴心、热心让我备感温暖！千言万语化作一句'感谢'，深深地感谢真诚的战斗伙伴。"还有一位老师这样说："在授课前和授课过程中，老师们的心理压力很大。在录课的过程中，出现很多想象不到的问题。比如自己练习时非常通顺，录制中却因为一小部分内容过了一遍又一遍。摄制组老师们不仅不着急生气，反而耐心开导，给予了我们很大鼓励。温暖的话语、耐心的等待让我们轻松很多，使我们紧张、浮躁的心情马上平缓下来！"摄制组老师的专业精神和辛勤付出都深深地感动着他们，使初次参与录课的、紧张的老师都能在一种亲切、温暖、轻松的氛围里完成录制。

世界各国均将数字化作为创新教育、提升综合国力的重要途径，充分发挥数字技术带来的教育红利，共同提升教育领域危机应对能力。习近平总书记在《建设世界科技强国》中指出："要发展信息网络技术，消除不同收入人群、不同地区间的数字鸿沟，努力实现优质文化教育资源均等化。""我们最大的优势是我国社会主义制度能够集中力量办大事。这是我们成就事业的重要法宝。"①

① 《习近平著作选读》第一卷，人民出版社 2023 年版，第 496 页。

我国数字教育不断发展，已建成世界最大的教育资源中心，为世界数字教育贡献了中国智慧、中国方案。北京八中作为国家中小学网络云平台录制基地，对于推动网络及数字资源在我国中小学教育中的应用，以及有效实现服务学校课程教学、学生自主学习、教师改进教学、优质教育资源农村地区共享、家校协同育人、"停课不停学"发挥了积极作用。

王学顺

用"心"工作

——我心中的"教育家精神"

多年来，我经常思考一个问题：从过去围绕录音机、电视机发展到当下聚焦大数据、人工智能、信息化3.0，作为一名学校电教工作人员，如何去定位自己的工作？如何做才能更好地服务于教育教学，更好地引领学校信息化的发展？来到八中后，我寻找这个答案的念头更加强烈。"教育家精神"征文活动令我醍醐灌顶，我们也可以追求"教育家精神"。万变不离其宗，追本求源，用"心"工作。借用陶行知先生的一句名言，我认为电教工作亦是"捧着一颗心来，不带半根草去"，这颗"心"，有七解之说。

常怀感动之心

我本是感性之人，在八中常常被身边的人和事感动着。王俊成校长，已过花甲，年高德劭，仍为八中的未来发展殚思极虑。"松竹梅兰芳，江河胡海洁"，这是2023届毕业生在最后一课时黑板上的留言。胡老师虽然退休了，仍躬耕在三尺讲台尽心竭力传薪火、铸英才。中午，各个办公室的每位老师身边都围绕着答疑的学生；夜晚八九点钟，还能看到老师幼小的孩子待在办公室里，自己看书、玩耍，已经完全习惯了爸爸妈妈以校为家的生活。每当看到这些场景，感觉鼻子酸酸的，我暗下决心，用我的镜头，把高尚、美好、奉献——记录下来，把八中人、八中精神记录下来。

勿忘感恩之心

常言道，心怀感恩，所遇皆是美好。能被八中选择，是一种幸运，也是一种知遇。我要感激幸运，感谢知遇。在工作中，同组同事经常无私地给予我帮助。制作视频时，王雪涛老师、翟莹熙老师、李璠老师还帮助我写文案，改文案。所遇皆温暖，处处有人情。做好工作，本是本分，可却一次又一次得到老师的感谢和领导的赞许，我亦收获了快乐。这所有一切，都值得我心怀感恩。

拥有敬畏之心

每一份工作，都有其责任。每一节课，每一次活动，都与老师、同学和各部门齐心协力、精心准备密不开分，每一个环节，都有特定意义，都是无法再现的。一次小惰性，可能耽误了一节老师精心准备的课；一个小疏忽，可能导致一个大活动的失败。怀敬畏之心，才能做好保障工作，未雨绸缪，避免出错。怀敬畏之心，才能开拓思路，创新工作。

保留知耻之心

在电教工作中，如果出了问题，归因分析多想想自身，学会反思，学会惭愧，是自己负责的工作，要感觉到内疚。不是自己负责的工作，作为团队中的一员，也要感到惭愧。知耻才能后勇，工作中亦如此。

探索创新之心

随着信息化飞速发展，电教工作也需要与时俱进，探索创新。思路决定出路，工作创新的最大阻碍是思想僵化。电教工作定位不仅仅是服务保障，还要起到引领学校信息化发展的作用。不仅仅是做，还需要思考。思考怎样开展新工作，怎样能用新技术、新手段改进提升学校教育教学管理工作。如新兴的自媒体，通过有效利用就能拓展教育的时间和空间。只要想去做，在各种前沿技术和理念的支持下，一切都大有可为。

百折不挠之心

任何创新都不是一帆风顺的，技术、观念、角度等多种因素都可能成为前进的阻力。自身的劳累还可以克服，同事的不理解、领导的不支持有可能成为压死骆驼的最后一根稻草。此时，坚持愈加重要，心中要坚守一个信念：别人能做好的，我们也能做好；别的学校有做成的，我们八中也能做成。

铭记出发之心

出发之心，就是初心。从党性讲，初心是为中国人民谋幸福，为中华民族谋复兴。服务教育，培养英才，于家庭，谋幸福，于民族，利复兴。从人性讲，初心就是保健康，求快乐。一天二十四小时，除去睡觉时间，与家人共聚时间也就四五个小时，而在单位工作时间有十多个小时。每天开开心心工作，去享受工作中帮助他人的满足，去享受拍摄到青春阳光少年的愉悦，去享受凌晨脑中闪现心仪文案的兴奋……如此算来，每天都能享受快乐。多年以后，回头看来，北京八中的发展历史，其中就有我们努力拼搏书写的一笔，又是何其有幸，何其快乐。

　　学校的电教工作还有很长的路要走，但是没有比人更高的山，没有比脚更长的路。带上"七心"，我们一起用"心"工作，一起享受工作，无论是阳光坦途，还是荆棘险阻。这就是我心中的"教育家精神"！

　　　　　　　　　　　　　　　　　　　　　　　　　　胡　德

带着爱和智慧面对"问题学生"

行走在为人师的道路上，我也曾有过不成熟的时候，这是缺乏育人智慧的表现。一本叫作《教育中的心理效应》的书给了我启发，通过阅读，我慢慢意识到，我们从事的是基于儿童发展的教育劳动，从接收小学毕业生到将学生送入高中，我们体验到的都是对学生未来的成长期待。这份工作的最大挑战在于，学生在发展中表现出的不同成长类型，有成绩优秀的学生，有学习困难的学生，有情绪稳定活泼开朗的学生，也有内向不善言辞的学生……每个孩子都是与众不同的，但相同的是他们对老师"仁爱"的需求。无论是在学习上遇到困难需要我们指路的孩子，还是遇到家庭矛盾、亲子问题需要我们提供"爱和理解"情感支持的孩子，甚至是对教师的"博爱、包容"有着更大的需求的一些特殊孩子，他们都需要我们以"爱生"之心作为精神基底。

小浩同学是我教的一个让人头疼的学生。一个学习习惯较差，心理年龄偏低，思想不成熟，又有点贪玩的学生。他甚至连小学的汉语拼音、数学计算都掌握不好，平时也总喜欢犯些小错误，出现带零食、游戏卡牌到学校，上课说话，完成不了任何作业等情况。放在以前，他一定是我的重点"攻击"对象。但是今年，我在学习教育理论的时候特意结合了小浩同学的情况来读书，一边读，一边勾画，一边回顾和反思，记录自己的感悟，感觉自己以前的工作方法过于肤浅。

书中告诉我们，成年人对孩子爱的引领和指导是很重要的，孩子应该得到同等的尊严和尊重。他们应该有机会在和善、坚定而不是责难、折辱和痛苦的氛围中发展自己所需要的人生技能。尤其是小浩这样的孩子，可能在成长中很少有被尊重的时刻。对于这些我们眼中的"后进生"，我们常常剥夺孩子负责任、作出贡献的机会，从而让他们更没有归属感和价值感，之后我们会继续埋怨他们，嫌弃他们没有责任感。有时候，我们嘴里说着爱，却面目狰狞，怪不得孩子们疑惑、反叛。我忽然明白，给小浩提供机会，培养他的归属感、价值感与责任感，是比提高他的学习成绩更重要的事情。

我经过仔细观察，发现小浩同学最大的爱好是玩手机游戏，使用电脑也非常熟练，于是我让他担任了电教委员及手机管理员的工作，他表示十分有兴趣。在工作之初，只要发现他做得好的地方，我就及时表扬，让他找到了前所未有的成就感。自此，这项工作成了他的"荣耀"和"责任"，他变得十分负责且认真，不漏收每一个同学的手机，并且把掌管手机柜的钥匙作为一项自豪的"重任"。由于我认可他，全班同学都很配合他的工作，没有人因为他学习不好而看不起他或者为难他。

我在摘抄本中记录的两句话一直指引着我："我们究竟哪里得到这么一个荒诞的观念，认定若想要孩子做得更好就得先让他感觉更糟？"恰恰相反，"孩子们在感觉更好时，才会做得更好"。面对孩子的不良行为，在劝阻不起作用时，我之前一向认为"做错了就应该受到惩罚"，惩罚会促使孩子做得更好并成为更好的人。我在惩罚的同时，也曾疑惑孩子们为什么"不长记性"。

于是在小浩同学犯错误时，我再次有意地实践了《教育中的心理效应》中的案例。小浩把饮料带到学校，但是被同学发现，并告诉了老师。他很生气，觉得被背叛了，还把门框都踹裂了，以此发泄情绪。我找到他，首先安抚了他的情绪，然后跟他心平气和地谈话。我没有先责备他，而是问他："你知道你最大的优点是什么吗？"他愣住了，眼里闪着光。估计是做好了被批评的心理准备，因此一时没有反应过来。半晌，他摇摇头，说"我没什么优点"。我想，这可能是一个从小到大作为"捣蛋鬼"的自我认知吧！于是，我笑着对他说："我觉得你最大的优点是知错就改。我发现你虽然经常犯错误，但是每一次我提醒你之后，你绝对不会再犯同样的错误。"这确实是事实，例如，我跟他说不让带三国杀到学校后，下次他还真的不再带三国杀，但是可能会带其他游戏；不让带巧克力之后，下次可能带的是糖果。只是我将这件事美化后再告诉他。他很开心，认同了我对他的"表扬"。接着我问他："那你说你带饮料这件事是对的吗？"他摇摇头。"那同学告发你，他们错了吗？"他又摇摇头，然后闪着晶亮的眼睛，主动跟我说，"老师，我下回不会再带了。"类似的事情发生过很多次，我发现，小浩的情绪越来越稳定，虽然还是会出这样那样的问题，但是他慢慢学会了反思和道歉。

美国教育家尼尔森告诫我们，我们言行背后的感觉比我们做了什么或说了什么更重要，我们可以时刻问问自己："我这样做是在给予孩子力量，还是在挫伤他们？"他认为，通过鼓励来帮助一个行为不当的孩子是最好的方法。但这确实是不容易做到的事，因为在面对如小浩这样调皮的学生犯错时，我们的第一反应往往也被情绪占据，而且缺乏经验如我，往往不知道如何去"化干戈为玉帛"。但是经过学习之后，我发现带着仁爱的眼光去发现学生的优点，并智慧地进行鼓励，给他们机会，帮助孩子在日常生活和人际关系中获得所必需的责任感和认同感，让他们更有自尊，他们才愿意变得更好。简单的一句认可，或者稍微委婉一点的批评，就可以帮助孩子感觉好起来。

在不断地体验和学习的过程中，我意识到，教育是集脑力、体力、情感三种劳动于一体，是需要打破时间和空间边界的工作。即使我自己很想生气，情绪濒临失控，但是我们作为成年人，依然要保持冷静，就像"教育家精神"中提到的，要做到"启智润心、因材施教"，用科学的方法理智面对。同时我们作为一名教师，更要把"乐教爱生、甘于奉献的仁爱之心"当作行走在教育家之路上的"修心明灯"。

石聪颖

因为热爱 所以执着

2023年9月，习近平总书记在致全国优秀教师代表的信中正式提出了"中国特有的教育家精神"，这引发了我的思考。

教育是一门"仁而爱人"的事业，教师的爱要超越世俗功利。在古今中外对教师职业精神的描述中，最关键的就是爱学生。裴斯泰洛齐认为"道德的实质就是积极地爱人"。顾明远先生强调，没有爱就没有教育。教师的仁爱之心表现为对学生真挚的关爱，是情感的流露，也是以真心换真情的过程。

我曾经走进太行山深处进行为期一年的支教活动，犹记得刚刚进入学校大门时，被漫天黄土的山路所震惊的情形。在物质匮乏、精神贫瘠的恶劣环境下，却有一群稚气、淳朴的笑脸昂扬着生机与活力。教育最重要的是人和人的接触。学生成长、人格形成等很大一部分源自课堂，源自和同伴、老师的接触。在当地学校严格的时间安排下，教师们用爱心陪伴着每一名学生。这段经历奠定了我为人师的底色。

初来八中，我从八中的历史与现实中不断汲取养分。北京八中的前身四存中学创立于1921年，与我们伟大的中国共产党同龄。随着党带领人民从贫穷走向富强，北京八中也紧紧追随党的脚步发展先进教育。无论是领先社会十年所提出的素质教育理念，抑或是百年来不断创新、勇于探索的教育建设，北京八中都凭借着自身优质的教育水平，培养出了许多甘于为祖国抛头颅洒热血的优秀青年，也培养过许多精尖人才与社会栋梁。

今天的北京八中，虽然物质环境不同，但我眼前仍有无数个画面重叠。无论是炎炎夏日，还是凛冽寒冬，哪里有学生，哪里就有教师的身影。深夜酷暑的楼道中，学生与老师见缝插针地攻克一个又一个难题。窗外漫天飞雪，窗内书声琅琅，楼内学生埋头于书本之中，楼外党员干部教师埋头清理甬道。在入职短短半年中，我见到了无数优秀教师深耕专业领域，利用可以抓住的一切空余时间，不断提升自己，同时与学生不断交流。无论是课上还是课下，耐心的解释，认真的探讨，总是常伴我的周围。夜晚办公室仍然亮着的灯，更成为指引学生努力学习的明灯。

卢梭在《爱弥儿》中说道："最好的教育就是无所作为的教育：学生看不到教育的发生，却实实在在地影响着他们的心灵，帮助他们发挥了潜能，这才是天底下最好的教育。"我想，八中的老师，正是这样用自己的个人风采，在不知不觉中培养了学生清晰的逻辑思维能力和对待知识一丝不苟的态度，以及勤恳耕耘的品质。

在八中，教师追求的是让每个学生成人成才、健康成长，没有极端功利主义的教育，教师的爱是无私的，不追求任何物质回报。八中教师用自己的专业素养把爱转化为适合学生的教育，投入关怀与热忱，积极建立与学生的情感联结。

因为热爱，所以执着。相信在无数优秀前辈的影响下，我也可以成长为一名合格的人民教师，用自己的知识、能力、素养和人格，努力为每个孩子创造适合的教育环境、条件和课程，让每堂课、每个教育活动都能成为学生健康成长的"养料"。道阻且长，但光明依然在前方。

袁朝阳

爱为底色　静待芳华

——师者仁爱之心的感悟

2019年5月，一段特别的经历，让我对师者的仁爱之心有了新的思考。

学校自主诊断的班主任报告出来了，一组数据让我很意外，在"全人教育""个性化教育""班级管理"模块下的八个子项中，有四项都低于年级和校均分。这是我参加自主诊断以来从未遇到的情况。找出初二上学期的诊断结果，我看到上学期这四项的得分还是远远高于年级、学校均分的。这半年到底发生了什么，让学生有了不好的体验呢？是哪些学生？问题在哪里？为什么出现了自己单方面感觉良好的现象呢？

为进一步认清问题，我又细致地研究了相关数据，发现至少有五名同学觉得老师对他（她）关爱、关注不够，至少有六名同学觉得班级活动开展不够、学生参与班级管理不够。

初二下学期，离中考越来越近了，我顾不上同样要中考的女儿，带着他们组建学习小组，利用午休时间督促他们进行各学科的学习，连放学后也要辅导他们到很晚。想到这儿，我突然意识到一个问题，初一时我们在做什么呢？社会实践、远足踏青、辩论赛、戏剧展演……我明白了原因，一有反差，二少沟通。所以，利用班会时间，我和学生进行了推心置腹的交流并与他们达成共识：随着年级的升高，中考的临近，学业任务增多是必然的现象；学业紧张，是需要通过开展一些活动来舒缓情绪，调节心态的。因此我马上和他们共同商量活动方案，设计有利于舒缓压力又不会影响学习状态的班级活动，于是在紧张的学习生活中，又有了欢声笑语。

沟通与认同是最好的解药，师者的仁爱之心应该是理解与包容。

关于班级管理的问题还是很好解决的，第一个问题就难了。我真是想不到哪些同学会觉得我对他们的关爱少，哪个学生没在老师的心里呢？个个都在啊！其实，与自己的不解和困惑相比，更让我难过的是，这几名学生觉得他们在老师心中不重要，一想到学生心里的委屈，就让我寝食难安。

首先，我开诚布公地把自己真实的感受告诉同学们：知道了有些同学的心理感受，我很难过，也很自责。看着你们一天天长大，我对你们的感情越来越深，其实你们每个人都在我的心里。如果有问题、有困难，在我没有和你沟通的时候，希望你主动找到我，我非常愿意帮助你。良好的关系，需要我们师生共同建构。

随后，我在教室讲桌里放了一个盒子，贴上"解忧杂货铺"（这是当时他们特别喜欢读的一本书的名字），并告诉他们，如果有心里话想对老师说，可以写信放到盒子里，老师给同学的回信也会悄悄放回盒子。从那天开始，每天早晨到教室，翻看盒子是我非常期待的一件事情，因为那里面有知心话，也有意想不到的小礼物——一块糖、一朵花，我和同学们又多了一个沟通的方式。

此外，我也逐个排查、反思，看看哪些同学平时沟通少，主动找他们去交流谈心。这次摸排，也让我受到了触动：平日里安安静静，很少表露感情的学生，在我与他深入交流时，也会表现得很兴奋，原来每一颗心灵都需要得到关注；一直被老师认可，在赞扬声中成长的学生，也有苦恼和无奈，原来我们自认为提供了最好的条件，但有时也是无形的压力；一个经常和我交流的学生曾哭着对我说，老师，你们说得都对，可是对我来说太难了，我做不到，原来每个学生都是独特的，适合他的才是最好的。

当我从繁杂的事务中抽身出来，耐心去倾听每一颗心跳时，我愈发感觉到，师者的仁爱之心，是平等与共情，是让每颗心灵都得到滋养。

初三上学期，学校再一次自我诊断结果出来了，问题得到了解决。原来标红的四项，都得了满分。与分数相比，更让我欣慰的是学生的成长和自己的提升。出现问题不回避、不掩饰，向学生坦承内心的困惑，邀请学生共同探讨解决方案——学生与我共同建构了我们的生活。

师者仁爱之心，不仅在于悦纳每个学生，帮助他们解决困难，更在于启发学生树爱国心、立报国志，做好学生的引路人。我愿以爱为底色，润德启志，滋兰树蕙，静待满庭芳华。

刘嘉扬

爱生方能乐教

孔子曰："仁者爱人。""爱人"是一种仁人的博大情怀，师爱的最高境界是仁爱。教育家既是"人师"，也是"仁师"，用大爱书写教育人生。仁爱之心体现为热爱教育事业。热爱所教的人、所教的内容和所教的方式是从事教师这一职业最基本的要求。仁爱之心体现为关爱学生。爱心是学生打开知识之门、启迪心灵的开始。爱生方能乐教，才能对教育工作永葆热情。仁爱之心体现为无私奉献。正是对教育事业的热爱，才坚定了教育家献身教育的信仰，才能站在"集体的人"的利益上思考。

还记得在开学初，三年未能举办的校运会终于再次回归，这是一次全校的体育盛会，也是一个学生们期盼已久展现自己身手的大好机会。然而一项重任悄然落在了整个体育组的肩上——校运会入场式。因为已经太久没有举办过大型的运动会，所以这次的入场式尤为重要。是否有气势，是否精彩，关乎着校运会能否拥有一个良好的开端。我很有幸能够协助张明慧老师一起负责初一年级的入场式工作。一开始我跟张老师有着很多的设想。我们从网络上汲取灵感，再加以改编与创新，对这项工作充满信心。然而现实却第一次给了我们当头一棒，运动会因为与体育小中考时间冲突，提前了一个月进行，入场式的任务一下变得时间紧任务重，之前的设想也全部因为时间问题根本无法实现，我跟张老师只能重新构思。这时我通过网络观看到一组优秀的队列队形变换，他们通过一条条红布组成了五星红旗，这也给了我极大的灵感。我立刻跟张老师协商，但是这效果虽震撼，红布却不现实，因为学生无法拿着红布进场并在拉开红布的同时进行队形变化，这是在短暂的时间内不可能完成的。于是我又提出能不能让孩子们穿着背后是红色的衣服入场，同时下蹲并用后背组成红色国旗的方案。这个方案经过多方商议也没能被采纳，老师们都觉得衣服不够便捷且容易产生漏洞。最后张老师提议不如用红色花球当作红色背景，部分固定的学生拿着五星，其余的学生拼成一面国旗，大家一致认同。

方案通过后就是执行。我与张老师一开始信心满满，但是学生一开始排练，就给我们的信心浇了一盆冷水，许多学生连最基本的齐步走都无法走齐，更不要说走得有气势。我与张老师自知肩上的压力大，内心忍不住起急，但孩子们升入初中仅不到一个月，队列于他们而言实属不易，我们只能一遍又一遍地给学生鼓励，并严格要求动作的规范性，耐下性子一排一排、一列一列的练习与检查。终于，通过孩子们的刻苦努力与训练，队列逐渐走得有模有样了。但是之后迎来更大的挑战——组国旗和组汉字。其实组出"北京八中"的字样只是我的一个最初想法，碍于训练时间紧迫，可能完成不了。但是一想到一旦成功，效果必定极为震撼，我便对张老师说，"咱们试试，拼一把!"于是在运动会前一周的每日课间操、课后服务，我们又带着孩子们进行最后的拼搏。九月底的木樨地操场，仍被"秋老虎"的热气笼罩。孩子们结束整日的辛苦学习后，依然充满动力地坚持在斜阳之下，汗水打湿了所有人的头发与衣衫。

功夫不负有心人，运动会当天，孩子们拿出了最饱满的状态，非常圆满地完成了入场式任务。我全程跟随在队伍，心情也如坐过山车般，由最初的期待不安，到行进中的紧张忐忑，再到表演结束的热泪盈眶，最终那一刻内心的满足与充实，难以用任何语言形容。

这些教育实践发生时，我是充满激情的，充满向往的，诚心地希望可以凭借自己尚不丰富的教育经验，与孩子们共同全力以赴、默契配合，不仅是为了完成一项又一项的工作，更是为了帮助孩子们习得体育技能，强健体魄。现在再忆起往昔的经历，我并不觉得劳累，更多的是充实与满足，如果能通过我的教导让更多的孩子受益，那么便没有辜负我的初心——毕业后坚定地选择我所热爱的教师行业，坚定地回归予我本领技能与师者情怀的母校工作。这可能就是我与"教育家精神——乐教爱生、甘于奉献的仁爱之心"的一点微不足道的关联吧。然我深知路漫修远，吾仍将上下求索。

曲毅浩

心歌汇

　　"啪!"伴随着键盘的最后一次敲击,她终于可以重重地靠在椅背上了。屏幕上滚动播放的成品,即将通过 CCTV-8 的屏幕,走进窗外的千家万户。这是她的团队半年来的心血,是她回国后作为出品人参与的第一个项目,也是她在中学时代能够梦想到的最美好的未来。一想到这些,她就兴奋得无法安坐了,起身推开窗子,午夜清凛的寒风扑面而来,此时寒风也变得那么令人惬意了。忽然,她想起了什么,连忙打开手机,点开学校的公众号,屏幕上的标题——"心灵与歌声相会"让她的视线瞬间模糊起来。她不禁呢喃着:"北京八中国际部第七届心歌会。"七年了!看着屏幕上那一张张欢笑飞扬的面庞,她的思绪也不由得飞扬到七年前的那个冬天。

　　那个冬天格外冷!因为她走到了人生的十字路口。在国际部的高二伊始,她决定把音乐作为自己未来的方向,而这个决定瞬间就激起了家里的轩然大波。妈妈非常不理解,两个人几乎吵翻了。妈妈还找到了学校,寄希望于老师能让她回心转意。老师找到她,笑着问她:

　　"这个想法有多久了?"

　　"嗯,有几个月了吧。"

　　"很棒啊,在十七岁时能找到自己的热爱,老师真的要恭喜你!"

　　"啊!是吗,呵呵,您真的这么想?我妈可是一百个不愿意。"

　　"妈妈想得也没错啊,学经济确实未来有更多的机会,艺术家的生活恐怕就没想象得那么浪漫了，妈妈肯定希望女儿以后生活得更好。"

"我知道！但我真的非常喜欢音乐，我从小就学习钢琴，弹得特别棒，对于音乐制作也很感兴趣，我已经自学了很久了，我觉得音乐是最适合我的，您不也总说能从事自己热爱的事业是人生一大幸事吗？"

"那倒没错，可学音乐确实不容易，有自己的梦校吗？"

"伯克利！"

"哦……"老师显然有点吃惊。

"伯克利音乐学院，在波士顿。"

"我知道，现代音乐的最高殿堂。"老师点了点头，"难度很大啊，好多著名的音乐人都毕业于伯克利。"

"是啊，林俊杰就在那里学习过。"

"你喜欢林俊杰？"

"当然啦，那是我唯一的偶像。喜欢很多年了，也一直在激励着我，您喜欢他吗？"

"哦……喜欢……喜欢，挺好的。"老师显然有点言不由衷，但她并没有察觉，继续说道："我知道这个梦有点大，但不去努力怎么知道不可能呢。我已经通过各种渠道，对伯克利的情况和录取偏好了如指掌了，我在暑假就开始准备了，作品集已经开始成形了，托福成绩 90 + 就差不多，我会安排好课内外的时间的……"

老师看着这个瘦弱的女孩，一年的朝夕相处让他已经很熟悉这个孩子了。她文静而乐群，脸上总是洋溢着甜甜自信的微笑，学习很认真，和大家相处得很好。但他总觉得她身上有种和外表不一样的东西，今天他忽然明白了，那就是坚定，倔强地坚定，这是一种难得的力量。

"可是几乎没有人觉得我能成功，包括我那几个好朋友。"

"我相信你！"

"真的吗？您是在鼓励我吧。"

"十几年来，我每天和你们这么大的年轻人在一起，看到过很多次不可能变成现实的奇迹，我觉得——你可以！因为你的坚定，加油！期待一年后的好消息。"

"太好了，谢谢您！可我妈……"

"我来做她的工作，不过，你可要配合我啊，得拿出突飞猛进的气势来，要不谁也做不了妈妈的工作。"

就这样，她的音乐之旅终于正式开启了。没多久，老师又找到她："咱们搬到西里校区有一阵了，有没有觉得有点太安静了。"

"安静！我明白了，您是说咱们人少，不够热闹，是吧。"

"差不多，校园需要热情，需要歌声，你现在可是同学里边的专业人士了，能不能想想好主意？"

"哈哈，您过奖了。不过我还真有这个想法。新年快到了，我想办个音乐会，就是演唱会。"

"好啊，太棒啦！国际部还没有这样的活动呢。不过，这可不容易，能办好吗？"

"没问题！"

"好，那就交给音乐家了，我就当甩手掌柜了。"

说是甩手掌柜，老师却一直悄悄关注着活动进程，和后勤老师打招呼，动员其他班主任配合，打探节目情况。越是了解却越是放心，她把一切安排得井井有条，虽然每天四处奔波，却乐在其中。"能做喜欢的事，真是人生一大幸事啊！"老师自言自语着，"得此英才而教之，实乃我之幸事啊！哈哈哈！"

新年很快就要到了，老师问她："准备得怎么样了？"

"万事俱备，只欠东风！"

"东风？"

"就是演唱会的名字还没定好，想了几个，不知道哪个合适。"

"说来听听。"

"北京八中国际化教育中心 2017 新年演唱会。"

"打住！没技术含量。"

"哈哈，我也觉得，还有个名字叫心歌会。"

"心歌会，这个好！这个好！心灵与歌声的相会，也是你用心完成的歌会，就叫心歌会，国际部第一届心歌会。"

在新年前的最后一个周五，国际部第一届心歌会在食堂如期举行了，拉花、剪纸和小彩灯，让平时饭香四溢的食堂一下子光彩四射。同学们还真是卧虎藏龙，你方唱罢我登场，高潮不断，校园里真是够热闹。她并没有登台，而是像陀螺一样旋转着，从前台旋转到后台，从这里旋转到那里，幸福地旋转着……

心歌会圆满结束了，老师最后站在台上，盛赞她所付出的一切，她却不好意思地低下头……抬起头时，妈妈正站在眼前，不由分说地给了她一个大大的拥抱。从那时起，她的音乐之路终于得到了妈妈的支持，也得到了所有人的支持。课上，老师讲到三国，说到三国的巨大影响已经走进了流行音乐，忽然就唱起了林俊杰的《曹操》，同学们大笑而鼓掌，老师却笑呵呵地看着她，那一瞬间，她觉得自己身后的力量是无穷的。

一年的时光里，每晚她都会在精疲力竭之后推开窗子，对着午夜坚定地挥舞拳头，暗喊着："伯克利，我来了！"这一年里，校区又诞生了新的乐队，新的活动，她都倾力相助，但心歌会似乎是无法超越的。

紧张的申请季终于结束了，在大家紧张的期待中，好消息纷至沓来，她也收到了几所艺术学院的 offer，但在她的心中，却一直期待着那个奇迹。奇迹终于来了，伯克利音乐学院在大洋彼岸为她敞开了大门，她将在偶像学习过的地方追寻自己的音乐梦想了。这一刻，老师其实也是非常震惊的，他帮助她追梦，是想让一个孩子能够在人生最美好的时节，为了梦想拼搏，没有遗憾，但这个结果也是他没有想到的。喜极而泣的泪水是对一年多努力的最好告慰。

四年后，她以优异的成绩毕业归来，找到了属于自己的团队，继续追逐着她的音乐梦想。无论多忙，每个新年将至时，她都会打开学校的公众号，观看如约而至的心歌会。每次看着里面那些青涩而热情的面孔，她都会心地笑着，想起第一次心歌会，想起为了音乐梦想而全力以赴的日夜。

午夜的冷风打断了她的思绪，她关上窗又坐下，忽然看到了一条未读信息，那是老师发来许久的："每年这个时候，都会想起你，谢谢你，让我又一次看到了奇迹。心歌会走过了七年，心灵与歌声交汇在一起，永远是同学们最期待的活动。下学期的'问道学长'活动，特别邀请你来参加，给学弟学妹们讲述梦想和坚持的力量……"

她忙回复着："老师，我好想您，想念老师们，想念校园，明天我就回学校，给您看看我的新作品……"

黄云飞

从八中走向世界

如何帮助学生发现自我？我认为，首先要建立良好的师生关系，要让学生感受到老师对他们的尊重和支持。老师应该是一个优秀的合作者和一个巧妙的引导者，支持学生的想法，善于发现学生的每一个闪光点，捕捉他们可能成功的机会，引导他们自我发现、自我成长。最终，要让学生从八中走向世界，让他们在世界的舞台上继续发光发亮。

曾有教育学家说过："我总是尽一切努力使学生相信自己的力量，成功的快乐是一种巨大的情绪力量，它可以促进孩子好好学习的愿望。"作为老师，除了要有正确的教育理念，还应该懂得如何激发学生的自驱力，这样才能促使他们积极自主地发展。

还记得我三年前带过的一个学生，她尊师重礼、勤奋踏实、赤诚善良，一切具有美好意义的词语在我看来她都是配得上的。她既有小女生的温柔娇羞，也有大女主的拼和飒。在学业上，她始终有一股不服输的拼劲，而这种感染力形成了她独特的气场。从 10 年级开始，作为她的升学指导老师，我定期与她沟通，畅聊未来。我为她量身定制了学习规划，每一次都会比上一次的要求更高一点，不断地引导她修正未来的目标。等她到达第一个目标后，再把目标定得高一点，让她不断地往上跳，直到有一天，她终于站在一个比之前更高的位置。其实，她的申请之路是有一些坎坷的。这一路走来，我看到了她的艰辛，也体会到了她的彷徨，我用最真切的关心和最专业的指导带领她最终走向了成功。一开始，她经历了对文书主题的确定、不自信、怀疑再到坚定的来回拉扯，还经历了早申请方案的"安全策略"劝说。她在彷徨时，时常来找我倾诉。她说，老师，我就喜欢这个专业，我想申请这个专业，我不想为了拿到可能的录取通知书撒谎；她说，老师，我不会去申请那些保底或者"安全"的学校，因为那不是我的目标，我也不会去；她说，老师，这个活动我没有做到这一步，我不想延展这些我没有做过的——我不将就，我想做自己，我想选择我喜欢的。我倾听着她的诉说，安慰着她的不安情绪。我与她一一分析利弊，憧憬着美好的未来，最终帮她在众多声音中清晰了自己的未来，敲定了申请方案。

爱有千百种，但是有时候过重的期待会无形中形成密不透风的网。虽然人和人的感受力各有不同，但是她让所有爱她的师长和好友相信，她从没有放弃也没有被打败，并为了实现目标付出最大的努力。时间，刚刚好，为她做了明证。她的坚持最终为她打开了南加州大学、卫斯理安大学、多伦多大学、纽约大学等高等学府的大门。这段申请历程，不光会成为她人生中的鼓励和慰藉，同样也是我作为八中国际部升学指导教师的一份动力。我期望为每一位学子点亮他们前行的照明灯。

留学申请之路从来都不是梦，它是真真切切、有血有肉的现实存在，如一砖一瓦筑成摩天大楼，一丝一缕织成华丽衣裳。求学之路无不充满辛酸困苦，没有梦的轻松，也没有梦的潇洒，有的只是一步一步脚踏实地走下去。每个人的成功之路或许都不尽相同，但我相信，成功都需要每一位想成功的人去努力去奋斗，而每一条成功之路，都是充满坎坷的。只有那些坚定自己的目标，不断努力奋斗的人，才能取得最终的成功。回望这些年，我想说无论你现在处于申请的哪个阶段，都要相信现在做的每一份努力都会体现在高三的每一个 offer 中。

金　璐

常常引领　总是关爱

从"四有"好老师，到"四个引路人""四个相统一"，到"经师"和"人师"相统一的"大先生"，再到"中国特有的教育家精神"，习近平总书记对新时代教师队伍建设内涵的论述不断丰富，既继承了中华优秀师道文化，又体现了教育的时代要求。

人是要有一点精神的。"中国特有的教育家精神"彰显了教育家和优秀教师内化于心的集体人格、职业精神和外化于行的价值追求与时代精神，是新时代广大教师的精神航标。

不错，人是要有一点精神的！作为日日躬耕在三尺讲台，默默无闻的人民教师，其实比其他职业更需要高尚精神的滋养。否则，这份工作所需要的耐心、智慧、大爱就成了无源之水，终将枯竭。

做了近二十年的老师，也当了十多年班主任，尤其当自己有了两个并不太一样的娃娃之后，我越来越对孩童的特性有了感性的认识和体悟，也进而形成了一些自己的理性认知和思考。这一切体悟让我越来越认识到教育不可模式化，不可一成不变，更不可只追求整齐划一，搞所谓一刀切的公平。

形成这样体悟的原因很多，案例也很丰富，其中我教过的一个学生让我印象最为深刻，可以说是我教育失败的例子，也可以说是我的教育工作走向成熟的一个转机。

这个孩子名叫徐达，是我第一次完整带一个班级遇到的，他是单亲家庭的孩子，妈妈很强势，也很介意过去婚姻的失败。第一次家访时，孩子妈妈谈到已经过去了十多年的失败的婚姻依然泪流满面，应该说一开始我对这个孩子是怀有一种本能的同情。我以为我对他不错甚至关照有加，但后来在他身上发生了几件事让我非常失望。首先就是没有竞选上班长就记恨班长，联合班里其他同学故意为难班长。我了解到这件事后非常生气，很严厉地批评了他。事后，他变本加厉，造成了学生之间不可调和的矛盾，局面一度不可控制，还发生了校外打架的行为。事情发生后学校进行处理，该道歉的道了歉，一切程序都合理合规。不久后，这个孩子又和别的班的孩子有了矛盾，依然是我合理合规地处理。但后来，这个孩子因为心理状况出现了问题，最终休学。我做的一切都没有太多可以指摘的地方，一切工作程序都合理合规，但是仔细想想，我对这个特殊孩子的关爱和引领其实是不够的。这个孩子很缺爱，更缺乏安全感和对这个世界的信任。我并没有真正理解他的难处，没有及时给他指出问题，积极加以引导，我甚至一度因为他总是惹事内心还非常反感。

这个孩子后来被送到外地调养，他后来的心理辅导老师还联系过我，说孩子回忆起在学校的经历，觉得我是一个能让他信任的老师，是他暗淡日子里难得的光。我记得我接到这个电话后惭愧了很久，我就这么辜负了他的信任，我明明能预见到他的不良未来却没有用心去做更多，我对他的关爱和引领都太欠缺了。

苏霍姆林斯基曾经说过，一个孩子的进步往往是在对错误的纠正中实现的。我想，作为教育工作者的我，其实也是在对自己错误进行纠正的过程中一步一步走向成熟的。我牢牢地记住了这个孩子的名字，每当想起他时，内心还是会有一些隐痛。他让我在阵痛中思考：如何以平和的心态，发自内心地关爱特殊学生，并寻找他们的痛因，找到引领他们的正确方式。我想这是每一位教育者一生都应该做的事情。

这几年来到素质班工作，更加体验了学生的"五花八门"。有的孩子在某个阶段性情极其暴躁，一有不顺就要咬人伤人，与同学针锋相对、剑拔弩张，我就给他准备了一个情绪管理档案本，一有问题就让他来填写档案，尤其是事后反思。一个学期下来，他自己翻阅记录时都要哑然失笑。有的孩子一直不爱做作业，尤其不爱做背诵记忆的作业，那我就想办法用别的方式替代，比如她爱唱歌，我让她把诗词编曲唱给大家听。还有的孩子比较愤世嫉俗，不守规矩，用强压的方式很难奏效，我就想办法在班里设立时事评论窗口，让他们做每周时事一评，让他们把对人对事的不同看法表达出来并适时加以引导。

那个原来一着急就咬人的孩子在老师和家长的共同关爱下成长得非常好，性情越来越平和，后来他上了大学我们还常常联络。那个不爱写作业的孩子很爱运动，后来也考上了北航，开启了自己新的人生。那个爱唱歌的孩子在大学里是杰出的文艺骨干。还有那些总爱唱反调的孩子其实也很善良，他们对生活有自己的态度，总是抱有热情。

我想，教育真的不是一件容易的事情，但教育似乎应该是一件十分纯粹的事情。

教育不是让学生变成一种模式的优秀，更不应该只追求某种分数或者指标的夺目。教育的本质是什么？我以为是每一天的真诚陪伴和引领。我们不一定能让每一个孩子成名成家，但希望他回想起由我们陪伴的这段日子，内心是温暖的，更重要的是，他觉得这段日子过得充实而阳光。作为教师，我以为我的宗旨是"偶尔点燃、常常引领、总是关爱"。

每一个学生都是不同的，家庭不同，个性不同，能力不同，喜好也不同。我们在教授他们必须掌握的知识和技能的同时，也要清醒地认识到，每一个人都是一个独立的个体。除了保有人性基本的善良和责任，以及对生活基本积极的心态，他们应该有选择成为什么样的人的权利和空间。

作为在这三尺讲台耕耘了二十年的教师，我依然保持着对这份职业的热爱。我们陪伴孩子们一天天健康地成长，看着他们一天天变成他们喜欢的自己。

柯　艳

容老师

容老师已经在八中教了三十年的书，在此与诸君分享她的点滴故事。

某年开学，我曾向她请教关于教育教学的一些问题。她给我讲了一个故事：1932年，钱锺书和杨绛偶遇，她觉得他眉宇间"蔚然而深秀"，他觉得她脱俗如"蔷薇新瓣浸醍醐"。他赶快澄清："外界传我已订婚，这不是事实。"她急切说明："有人说我已有男友，这也不是事实。"这两人就这么一见钟情。

"我和八中的素质教育在三十年前也这么一见钟情，直到今天。我没什么经验可传授于你，只有一句话望你切记，不要迷失自己，做本真的教育就是要做本真的自己。"容老师如是谈道。

三十年来，她就是这样做的。某年期中考试过后，我们班成绩不甚理想，我略显惆怅。她问我怎么了，我据实以告，我们班孩子不刻苦，吃不了苦，成绩不甚理想。

"你怎么理解悬梁刺股这种学习方法？"她问我。

"吃苦，付出才能成功。"我答。

"谁吃苦，为什么吃苦，选择吃什么样的苦？"她问我。

我一时语塞。

"欢迎你没事时候到我们班'视察'。"她说。

我连续一个礼拜有事没事就去他们班转转。让我印象最深的是他们班的笑闹声。课间班内一片欢声笑语，貌似无序，可看教室内部布置却又十分有序——不仅有序，而且具有一种美感，与无序的欢闹声浑然一体；课上学生注意力集中，听讲认真；课间操整齐划一，很少见她到场……

一个礼拜后，我再向她请教。她说："我认同吃苦是人生的必修课，但谁选择吃苦，吃什么样的苦，如何吃苦却是一个主动的行为。人生是一段从开始认识自己到逐渐认识到自己的旅程。任何人都应该成为自己行为的主人。所以，当孙敬和苏秦选择悬梁刺股的时候，他们一定是能够苦中作乐的。"

"那我们的作用呢？"我问。

"热爱你自己的生活，热爱各色的他们，引导他们去组织他们自己的班级。"她答道。

我恍然大悟。

高考前的那个六一儿童节，容老师的班级专门在中午时组织了一次庆祝儿童节的班级活动。不仅如此，但凡遇到一个节日，他们都会庆祝。对此，我不甚理解，又去问她。她说："三年以来，我和他们一起努力营造出一个欢乐的班级氛围，是希望他们爱上这里，每天来到这里时都能感到快乐。这样才能苦中作乐嘛。另外，我也希望他们能够感受到学习、生活其实是非常丰富多彩的，不只有考试和分数，人生也是五彩缤纷的，不只有事业和成功。"

容老师班里有一个特别单纯善良的孩子，我非常喜欢。有一次，我和她谈起这位同学，我说学生都能如此该是多好。她说："我更愿意他们都是截然不同的。我也很喜欢这么单纯善良的人，但我更希望的是她或者其他的同学历经社会的磨炼，归来仍然能够如此。这也是我想和他们分享的。"

在某年高三时，我曾把自己的手机号告诉我们班的家长和学生们，并告诉他们可以在任何需要的时候联系我。一次，我在食堂遇到容老师，我略带自豪和她谈起这件事，想让她夸夸我的认真与负责。她并没有夸我，而是说："如果是我，我不会这么做。任何人都应该有自己的生活。作为老师，你应该给他们机会让他们在遇到问题时自己尝试解决，也应该让他们明白如何合理安排时间，如何与人交往。作为老师，我的一个职责便是努力把支撑他们身体的拐杖去掉，让他们自己走路。拐杖有时起到助力，有时也是枷锁。"

她会在中午时候给学生答疑，会在下午放学后和学生在操场一起活动，或辅导他们的课外活动。但一回家，她便是她自己，开启她自己的模式。学生也该是如此。

有一年高三，或许是人到中年，或者是发生了职业倦怠，对一个问题我特别困惑：教育的意义究竟是什么？究竟怎样的人生对于学生来说是好的？于是我便找到容老师。她说："说真的我也不知道。对于我来说，我只是喜欢，喜欢在八中当一个老师，喜欢自己这辈子的模样。对于我的学生们来说，我希望我能让他们独立思考，有一双能够看见美的眼睛，听见美的耳朵，创造美好生活的双手，能够有勇气去选择自己想要过的生活。我努力这么做着，希望没有辜负他们。"

我恍然大悟。凡此种种之事太多，在此便不再继续说下去了。

曾有人说，你是什么样的人，你便会遇到什么样的人，遇到什么样的事情，然后把自己的人生过成那个样子。对我来说，我有幸遇见了八中，遇见了容老师，于是我也打算过这样的人生，成为这样的老师。

我与诸君开了个玩笑，其实八中并没有一个姓容的老师。但在这里却有很多"容老师"，他们至真至美，他们脚踏实地，他们爱着他们的学校、他们的同事、他们的学生。他们也在讲述着一个个属于八中人的精彩故事。

楼武林

第六篇 胸怀天下、以文化人

——做情怀至重、境界至高、风尚致美、功德致远的教育人胸怀天下、以文化人的弘道追求是教育家精神的宏大格局。"情怀至重"是八中的教育基点，"境界至高"是八中的教育风范，"风尚致美"是八中的教育追求，"功德致远"是八中的教育理想。教师要把对学生的小爱化为家国大爱，正确把握中国和世界发展大势，心系人类前途命运。对于八中教育工作者而言，他们做教育的根本价值和意义是致力于提升人的生存能力、提升人的生活品位、提升人的生命价值，促进社会发展、促进人类美好。

百年华诞谱新章

——建党百年日的颂歌

乌云何时遮蔽了天日？

魔爪何时伸向了上国？

沉醉在紫禁城温柔乡，

缱绻于盛世元音长，

以为可以有永生享不尽的富贵荣光。

当炮声惊醒了酣梦，

金发碧眼的强盗，

贪婪地闯进了万园之园，

怎会管什么鸿慈永祜，金瓯万朝。

当坚船驶进了宁静的港湾，

英法意俄德日美奥，

摇动着耀眼的各色国旗，

肆意掠夺宫殿城池中的奇珍异宝。

火光中狰狞地狂笑，

血腥中觊觎着圣朝。

屈辱的合约签了一个又一个，

割地赔款丧权辱国，

驻京外国公使肆意妄为，

使馆界成为了国中国，

通宵乱歌，

还有谁去理会百姓的死活……

盼来了的政府可否能保护子民？

那北洋政府的五色旗，

不能号令麾下之师，

却只带来了军阀混战，

又岂知最终鹿死谁手？

那各路军阀轮番上阵，

你唱罢来我登场，

却只是各怀心思，

又怎会顾及饿殍遍野哀鸿一片？

啊——

四万万人齐下泪，

天涯何处是神州。

三山呻吟五湖哀，

黎民求生共徘徊。

十月俄邦云端吼，

红色幽灵西方来。

谁来收拾旧山河？

谁来救民从火海？

看，

环龙渔阳《新青年》，

南陈北李引众贤；

听，

五四青年街头喊，

北京上海广州联武汉。

终于——

闪耀着黎明的星光下，

簇拥在窄小的红船里，

众男儿开天辟地写华章，

剑笔一挥宏谋拨暗天，

嘉兴南湖，

回荡着红色政党的宣言。

穿透苦难与黑暗，

勾勒出红色中国的明天；

漫卷红潮摧旧世，

篷船也要承载大江山。

革命风暴遍南北，

工农运动掀浪滔，

京汉五卅省港云涌层层起，

蓄力北伐国民革命成合力。

风雨历程澎湃在心底：

还记得——

南昌响起第一枪，

独立武装共产党；

枪杆子中出政权，

八七会议引方向；

还记得——

秋收起义湘赣边，

三湾改编新探索；

星火燎原润心田，

井冈翠竹韧且坚；

还记得——

遵义城头霞光彤，

雪山草地尽峥嵘；

三五九旅南泥湾，

宝塔山上东方红；

从北伐战争到抗日战争，

再到解放战争，

看那镰刀锤头旗，

插遍了一处又一处。

共产党领导全中国，

三座大山终推倒，

人民从此站起来。

还记得——

知识青年奔下乡，

大庆红旗迎风扬，

土地承包免皇粮，

改革兴旺国荣昌；

还记得——

毛泽东思想放光芒，

邓小平理论重实践，

建设家园喜奔小康，

人民才真正富起来；

还记得——

四个自信应重尚，

社会主义新思想，

红色基因永相传，

脱贫攻坚气轩昂。

看如今——

经济保持新增长，

农业稳步推向前，

一带一路成效显，

蛟龙天问墨子强。

百年历史几多笼阴霾，

狂风肆虐不断存险在，

只有同舟共与红旗映，

才能同享乾坤创未来。

可记否——

阵阵黑魔肆虐狂，

有志愿者赴前线，

舍家纾难也要奋力拼；

可记否——

适逢学子显迷惘，

有师者渡口指迷津，

润性养心传来语殷殷；

可记否——

无所有也赠一枝春，

美德美情，

先祖礼仪敬彬彬；

可记否——

万人操弓共射一招，

国难国危，

先贤赴死乐津津。

众志成城家国情，

平民英雄兄弟亲，

千淘万漉虽辛苦，

吹尽狂沙始到今。

而如今，

八中喜迎百年庆，

一心共度万千难。

有你——

存学存治存人存性的四存校，

勤奋进取和谐致美的八中人；

有你——

爱岗爱校爱学生的老师们，

敬事敬业敬慎行的领路人；

有你——

化作春泥护花作己任，

蜡炬成灰也要照亮学生长路前。

看啊！

执教杏坛的乐教者，

传道授业的摆渡人，

百年八中的强砥柱，

引人继志的善教神。

看啊！

桃李不言下成蹊，

尊学自善尚道集。

兴心贵长重傅礼，

唯有师恩无穷期。

用大爱赢得的大爱，

用真情换得的真情！

八中师者，

让人钦佩让人敬！

讲数理化探求真知，

教文史哲阅世求善，

学音体美情操陶冶，

天地万物抱义美般。

听万籁神游乾坤浩荡，

观品类驰骋宇宙洪荒。

八中师者，

让人落泪让人赞！

教于有声育无声，

循循善诱情心甘。
博文约礼尚敦敏，
无问西东立德言。

这是为众人抱薪者，
这是为社会遮荫人，
必为人铭记为人颂，
有师者良心师道宏！
有你也才有未来，
育旷世奇才，
重上瑶台；
迎春风桃李，
众人惊骇。
有你也才有未来，
民基政本国肇泰，
教涵万古江山气，
育植千秋栋梁材。

看吧，百年党史——
红日初升道大光，
奇花初胎矞皇皇；
鹰隼试翼潜龙腾，
河出伏流泻汪洋。

看吧，百年八中——

英才辈出，

大师相望；

千古八荒，

鸿鹄高翔。

看吧，

国昌家盛，

雄杰隆盛烜赫昂，

举国英才耀无疆！

葛小峰

八中，我为你拍照

尊敬的各位来宾，亲爱的各位同事：

大家好！

生活中，我们常常会拍照，用照片记录感动的瞬间，用照片展现辉煌的时刻，也用照片凝固一段不能忘却的过往。今天，我想邀请大家跟我一起，为八中拍照。

地负融金之名，街成复兴之望。北京城最繁华的地方，竟然藏有这样一方净土。大楼虽高，遮不住求知的目光；围墙虽矮，能守护知识的纯粹。闹中取静的校园里，我们把镜头对准教学楼前的玉兰，为这纯美的玉兰拍一张特写。

木末芙蓉花，堂前发红萼。玉兰花开，清风自来。无论是黄昏，还是初露曙色，玉兰花总是本色依然。任凭二环路上车水马龙，任凭金融街上熙熙攘攘，我们的八中就如这一树纯洁的繁花，始终不改我们纯粹的追求，不变的初心。而这玉兰也就成了我们八中的一张名片，象征我们纯粹的教育情怀。一百年风雨兼程，我们始终着眼于未来、着力于素质。因为有了我们百年如一的坚持，世界多了一张安静的书桌，更多了一方纯粹的净土。

接下来，请我们把目光稍稍抬高，让相机聚焦我们可敬可爱的老师们，拍下他们那美丽的剪影。

大家知道，前一阵因为本部校园改造，我们高三年级临时周转到京西校区上课。这期间老师们的作为向所有的家长和学生亮出我们八中的另一张名片——无私无我。

2018年6月3日，高二年级全体师生带着书籍、行李、办公用品、实验器材，更带着我们的梦想和学校的期望开赴京西。这样的场景让我不由得想到80多年前，北大、清华、南开的师生远赴云南，谱写了一段中国教育史上壮丽的传奇。不过，他们是迫于国难的无奈之举，而我们是积极有为的主动出击。"本部沉淀、京西开放；只问梦想，无问西东"这是11班的板报主题；"我远来是为的这一湖水"这是7班的板报主题；甚至在我们6月的月考题里，我们特别真诚而郑重地出了以西南联大师生西迁为背景的阅读。因为，我们只想告诉学生，是八中的无私无我在成就你的未来。

为搬迁顺利进行，校长们身先士卒，李校长带病坚守现场。为学生适应，老师们忘我地投入，杨海卉老师上午还在医院下午就赶来上课，她说："我不能离开我的学生！"为了让学生适应住宿而陪读的杨坤老师、张焕焕老师、邹闻老师、曾亚梅老师，临危受命接任班主任工作就一直住在京西的孙烨老师、杨蕾老师，老当益壮的胡晓萍老师，为不让学生直吹空调而自己制作挡风板的大王宁老师，为极其复杂的学生班车管理焦头烂额却没出现一点差错的王一妮老师，扔下高三的儿子，一头扎进京西工作的姚小岩主任，不知道谈了多少家长、做了多少设计、受了多少苦的陈孟伟主任。为这次临时周转而忙前忙后的每一位老师，您的做法让我们看到八中人的无私，更让我们感受到八中的高度与温度。一切的一切，只因为那份无我的情怀。

第三张照片很特别，确切地说，这不是一张照片，而是一段声音，一段不太容易在校园里听到的声音。各位朋友们，你听过校园里的集结号吗？我听过。在京西的每一天，我都是伴着起床号睁眼，伴着熄灯号入眠。不仅是我，在京西住宿的每一位老师、每一位同学都是伴着起床号睁眼，伴着熄灯号入眠。而这号声来自高三3班朱浩铭同学。起初的想法很简单，只是为了用这嘹亮的军号叫醒那些爱睡懒觉的学生，不曾想这一吹就是整整两个月。两个月里，朱浩铭同学每天第一个起床，最后一个入睡，而睡前还不忘调试好音准，以备第二天使用。有一次因为乐团排练，他回到初中部，但没想到晚上 10：10 分，那熟悉的号声又如约而至。原来，他怕耽误晚上吹号的任务，特意在乐团排练结束后让家长连夜送回京西。那一刻，我在他身上看到了两个字，也就是这第三张照片的主题：担当。担当不是让我们扛起那煌煌重任，而是在每一件小事上负责。每个人都为每一件小事负责，何愁我们不能扛起民族复兴的大旗？

　　我想这三张照片充分展现了八中的气质：纯粹、无我、担当。因为纯粹，故能无我；因为无我，故能担当。因为担当，我们的八中才能一路披荆斩棘，一路创造辉煌！

梁东升

待到山花烂漫时，她在丛中笑

遥知不是雪，为有暗香来。

第一次见到她，是我来到八中的第一个教师节前，因为承担礼仪工作参加培训后一起吃饭。取餐前，她帮我们拿餐具；午餐后，她帮我们拿水果。什么事情她都想在我们前面、做在我们前面。我面对这样的照顾，有些手足无措，更多的是亲切温暖。从大学的象牙塔走向工作岗位，外表上好像在一日之内突然被看成了一个真正的成年人，内心却好像一粒沙被抛向广袤的宇宙，没有方向，肺腑间全是忐忑与恐惧。而她，似乎看得懂也肯包容你的生涩，陌生世界里明亮的微笑满是鼓励，让你觉得，一粒沙也是会被看见的。

第一次公开课，她从容坐在教室后方，看到她，我的紧张立刻消解了几分，她可是那个无论如何都会肯定我们的，如春日暖阳一般的存在。下课铃响，我声情并茂地朗诵了自己写的诗作为结束，教室里掌声雷动。我正沾沾自喜，她找到我，一脸严肃。

"下课铃响了，课还没有结束，你作为一个教师，对课堂的时间和节奏有没有基本的把握能力呢？你创作的诗很漂亮，但上课不是为了炫技，不是为了让学生看你有多厉害，这一节课下来，你给学生带来了什么具体的、切实的收获呢？"她认真的眼神我至今记忆犹新。

八年过去，我上了一堂又一堂的公开课，有博得满堂彩的时候，有听者落泪的时候，有不甚圆满的时候，而她曾经的这两个问题，是我每一次都会反复追问自己的。

第一次当班主任一年以后，她找我谈话。

"我听说你总是一个人吃饭。"

"啊，我好像比较习惯晚一点吃饭。"

"那你知道别人怎么评价你吗？"

"……不知道。"

"说你'北大才女'，'眼高于顶'，'清高'得很呢！"

我才意识到，好像确实总是踩着最晚的点去吃饭，确实和别人交流得很少，大家抛出的话题我常常"掉线"，有时是不感兴趣，有时是在忙手头的各种事情，有时是怕自己说出来的话"傻气侧漏"……但是，她为什么要特意来提醒我呢？

"你对你的教师生涯有什么规划吗？"

还沉浸在纷乱思绪中的我被这样一个"宏大"的问题给"砸"愣了。

"呃，就努力上好每一节课吧，争取变成一个更好的老师。"我憋出一句，话虽干瘪但也是心里话。

她皱起了眉头。

"不想当将军的士兵不是好士兵。当老师，就应该追求成为教育家！"

"呃……"我吸吸鼻子，没吱声儿，打心底里觉得这个"规划"太不切实际了。

"如果你认为你的理念是对的、是好的，难道不想有朝一日让更多孩子享受更好的教育吗？"

洞天石扉，訇然中开。我仿佛听见了光照亮了心底那个一直不敢说的愿望。是的，我想。我想让每一个孩子成为更好的自己，我想给每一个孩子更多元、更自由的环境，我想让每一个孩子永葆童真与好奇，做一个让自己和让他人都更幸福的人，我祈盼一个个这样的孩子长大后共同建设一个更美好的世界。

但她是怎么知道的呢？她又是如何唤醒这个我越来越觉得太过天真所以耻于承认的梦想的呢？

有人说，她对你可真好。为什么啊？

别说别人了，我自己都疑惑——她为什么对我这么好。

终于有一次，我忍不住问："您为什么对我这么好？"

她显得有些意外——"我有吗？"

"呃……有吧。"

"那也不是单对你，大概就是我觉得八中太需要年轻人的力量了。这些年咱们学校发展得很快，相应的压力也特别大，未来想要再上一个台阶更是不容易。一列火车哐哐飞奔，没有后劲儿哪儿能行？"

"现在不是已经很好了吗？需要这么费心吗？我看您每天都特别累，眼角儿皱纹都出来了……"

"确实有时候心里特别着急，主要是学校好不好，关系的是一个又一个孩子啊，背后是一个又一个家庭，加起来不就是国家的未来吗？一棵树要想长得茂盛，没有人浇水施肥可不行。所以你们得赶紧成长啊，到时候我就不用那么累了……"

原来，她的梦想和我的很像，只不过我总只是想想，觉得不切实际就塞进角落里置之不理。而她，每一天都在把梦想变成现实。

待到山花烂漫时，她在丛中笑。

翟莹熙

希　望

张希望随着她的母亲回家了，我的内心百感交集，两年来的往事历历在目。

故事要从 2011 年的年初说起。通过杜佳良、程念祖两位老先生的运作，素质 1 班落实了他们的第一次综合实践活动。我主动承担了活动介绍及动员工作。我上网对我们的活动地点河北省涞源县进行了了解，认识到这是一个国家级贫困县，也是一个充满传奇色彩的红色土地，因为这是王二小的家乡，是白求恩战斗过的地方，是百团大战的战场之一，许多英烈为了我们民族的希望，将热血洒在了这片土地上。我也初步认识了张胜利——中国希望工程第一人，他就是涞源人，这次活动我们将近距离接触他。我给这次活动定名为"希望之旅"。

涞源的冬天异常寒冷，又经过了春运列车的艰苦旅行，让我们感受到了这次涞源活动的特殊。在涞源县东团堡乡希望小学简陋的会议室里，我们见到了张胜利，他看上去又黑又瘦，但是透过他眼镜的镜片我看到的是平和与坚定。他给我们讲了自己的故事：1988 年 9 月，失学的张胜利致信时任涞源县政协副主席车志忠："车伯伯，你今年家里打的粮食够吃吗？我很想上学，但是我爹不让我上，我想上学，长大像您一样做一个对社会有用的人。"收到张胜利来信的车志忠，几次致信团中央、省政协等有关部门。他"让贫困孩子也能上学"的呼吁和团中央发起希望工程的构想不谋而合。1989 年 10 月 17 日，张胜利等 13 名桃木疙瘩小学的孩子成为希望工程救助的第一批学生。在希望工程的资助下，张胜利读完了小学和初中，并通过教师培训计划被上海第一师范学校免试、免费录取。1997 年毕业后，张胜利又回到桃木疙瘩村任教。10 多年来他利用个人的影响先后建起了 3 所希望小学，帮助 300 多名贫困生与外界的好心人结了对子，为更多的人不遗余力地播撒着"希望"的种子。

素质 1 班的孩子们被张胜利事迹深深地打动了。接下来每位同学都随着一名涞源的孩子去了他们的家，并拿出了自己事先准备的文具捐给了涞源的孩子。对于素质 1 班这些生长在北京的独生子女，涞源孩子的世界让他们无法想象，贫困的生活环境让北京的孩子无比震惊，这些感受触及了他们的灵魂，这样的教育远胜于书本的说教，是那样的鲜活与生动。这次活动之后，我也和涞源结下了不解之缘。

2011 年的暑假，我组织了第一次"涞源地质生物夏令营"。我和程念祖老师带领着素质 1 班的同学再次踏上了涞源这一片热土。在和程念祖老师交谈中，我了解到程老师委托张胜利个人捐助了两名涞源的孩子上大学，并另拿出了一万元捐给了东团堡希望小学。这让我对程老师非常钦佩，也希望自己能做点什么。在几天的夏令营中，张胜利始终忙前忙后。他虽然是个名人，但没有一点架子。经过几天的接触，我们也和张胜利建立起了友谊。他的收入本来就不高，还为了希望工程自己搭钱。他的妻子不堪忍受清贫的生活，与他离婚了，但是他义无反顾地继续自己的追求。与张胜利相比我觉得自己太过渺小，我们的社会太需要张胜利这样的人物了。

此后一年中我又和张胜利有过几次接触，我更加迫切地希望为他做些事情。机会终于来了。2012 年的夏天，我又带着素质 2 班的孩子举办了"涞源地质生物夏令营"。张胜利的女儿也全程参加了。她的女儿叫张希望，可见她寄托着他父亲的热切希望。张希望与其他涞源的孩子明显不同，言谈举止显得非常大气。在一节关于"星空"的课上，我临时起意叫她给大家讲"牛郎织女"

的故事，她讲得既完整又生动，我和素质 2 班的孩子们都被镇住了。从那时起我就有了一个想法：让张希望到八中来上学，来感受最好的教育，那样一定会使她受益终身。

这一想法得到了程老师的支持，于是我和程老师一起找到了张书记，刚好张胜利女儿的情况符合借读条件，经过了一系列复杂的申请流程，终于争取到了张希望来八中读书的机会。我心里非常激动，因为我终于可以为张胜利做点事情，为涞源做点事情，为我的良心做点事情。

2012 年 9 月开学的前几天，张胜利把张希望送到了北京，全权委托了给我，这下我突然多了个女儿。程老师主动承担了张希望的生活费，我则是跑前跑后地把手续办妥。看到张希望开心的笑脸，我也终于舒了口气。

张希望随素质 2 班就读，但是没过几天数学和英语方面的差距让张希望心理落差巨大。一个在当地品学兼优的好学生怎么能接受这样的现实呢？于是我和程老师与班主任李老师商量将张希望安排在了 6 班。但是要想在学习上能够适应，并不是一朝一夕的事情。

只身来到陌生的大都市，对于 13 岁的孩子是巨大的挑战。而且父母离异，长期和母亲生活在一起，这也让张希望不能适应新的学习生活环境。她开始想家，自己躲在被子里掉眼泪。每个周末李老师都会安排一位同学家接待她，但是别的孩子富裕的物质生活及完整的家庭让张希望更加自卑。尽管李老师和我也给她做工作，谈以后的愿景，但是收效甚微。看到张希望脸上的笑容越来越少，我真是一筹莫展。

期中考试过后，成绩出来了，张希望的数学和英语非常不理想。其实这也不能怨她不努力，北京的孩子在小学期间就利用各种课外班学习了大量的知识，而且八中的学生也是选拔出来的群体。起点的巨大差距显然是张希望短时间所不能弥补的。

没有办法，临近期末考试的时候，我们把张希望的妈妈请来，我们一起谈了谈张希望的事情。看来回到涞源是最好的选择，一方面张希望在北京没有学籍，中考的问题必须尽早考虑；另一方面过度的消沉可能影响她的未来，回到涞源可能让她重拾信心。张希望听到这个消息脸上立刻就泛起了笑容，她妈妈尽管有些不舍，但也同意了。

　　看着母女俩远去的背影，我的内心无比挣扎。这样的结果与我的初衷相去甚远，我不知道我是否做了错事？

　　经过一段时间的思考我意识到，不管这件事情的对与错，我问心无愧。作为一名教师尽自己的职责是我唯一能够做到的。中国的教育要做的事情还有很多很多。尽快地弥补地区差距，让更多的孩子得到更好的教育。这需要更多地像张胜利、程念祖这样的榜样。我相信希望一定就在未来，我们正在路上。

张　涛

躬身奉献　无声传递

　　在北京八中的图书馆里，一排排书架的深处，有一个书架略显特别，上面题着一行字："孟书成书架"。新读者到此往往会驻足询问，孟书成是谁？这个书架又是缘何而来？

　　孟书成老师，北京八中语文高级教师，中共党员，生于 1936 年，于 1992 年英年早逝。孟老师 1954 年毕业于北京八中，后留校任教，历任初高中、少儿班班主任，教研室副主任等。在近 40 年的教学生涯中，孟老师展现出典雅的语言、端秀的板书、深厚的学养，让同学们领略了文学的美妙。而学生们记忆中的孟老师，总是有着从容的气度、和蔼的目光和似乎总也用不完的耐心。孩子们无论是乖巧听话的，还是顽皮淘气的，在孟老师的眼中都是可爱的、可教的。孟老师对同学们做人的教导"诚心对待人生，感恩面对社会"，也早已化成学生们重要的生命元素，深刻地影响着每一位同学的人生历程。在孟老师离世后，对恩师的绵绵哀思和对母校的深深感念，渐渐地凝结成了同学们心中的一个愿望，即回到母校，建立一个以孟老师名字命名的书架，用孟老师最爱的书香来表达他们感恩母校、传承师恩的愿望。

　　于是，同学们踊跃集资捐书，在 2010 年 11 月，"孟书成书架"正式落成。在揭幕仪式上，八中的领导、师生来了，孟老师的学生也来了，同学们现在都已人到中年，许多还带着自己的子女。同学们在书架题词中写道：饮水思源，恭谢母校培育之情，见贤思齐，俯承先生鸿鹄之志。克己奉公，心如明月松间照，教书育人，恩如清泉石上流。先生之情，至真！先生之行，至善！先生之学，至美！孟书成现象应为当代教育之典范！孟书成效应实为母校八中之光荣！

春去春回，花落花开，十多年来"孟书成书架"一直默默地伫立在八中图书馆的一隅。一排排图书，仿佛一位师者无声的诉说，传达着师生之间深厚的情谊和对母校的无限眷恋。

站在这样一个饱含深情的书架前，我想到了著名的图书馆学家阮冈纳赞。在《图书馆学五定律》中，他以简明的语言揭示了图书馆的核心价值：每一本书都有其独特的价值，每一个读者都有其独特的需求。这也正像是老师们的日常工作——关注每一个学生，发现他们的独特之处，引导他们走向成功。

在图书馆的一角，我感受到了老师的奉献精神。他们默默地付出，不求回报地关注每一个学生。他们把教育当作自己的生命，用心灵去触摸学生的心灵，用热情去激发学生的热情。教育家精神的传承，不仅仅是在课堂上，更渗透在校园中的每一个角落，影响着每一个人。

时光荏苒，岁月如梭。然而，教育家精神却代代相传，永不熄灭。在现代教育的洪流中，一代代八中人怀揣着这一精神，扬帆远航，探索教育的奥秘。他们以无私的奉献，诠释着这一精神的真谛。

赵　琦

书香育人　润物无声

古人云：腹有诗书气自华，最是书香能致远。先人在书中放置香草，不仅可以防蠹虫咬蛀，而且可以给书留下幽幽清香，"书香"一词便由此而来。

中学时代，是一个人一生中重要的成长阶段。成长需要阳光雨露，需要呵护与培育。因此，人在中学时代除了要完成课堂学习以外，课外阅读无疑是"雨露滋润"中不可或缺的。课外阅读，不仅能让中学生启迪心智、开阔视野、积累知识，而且还是增强人文修养、提高综合素质的途径。我校语文组教师们精心编写的《中外文化文学经典系列》丛书从真正意义上做到了书香育人，润物无声。

这套丛书所选取的名著，不仅仅是经过岁月洗礼流传下来的文学精粹，也是国家教育部颁布的全国中高考语文《考试说明》中要求中学生必读和考试必考的内容。打开这套书，读者会走进一个个文学巨匠的世界，走进一篇篇文学名著，真切地感受经典。从《红楼梦》到《边城》，从《红岩》到《平凡的世界》，你会生发许许多多的人生感悟，会懂得许许多多做事和做人的道理；你会领悟到面对困境，要勇于拼搏、奋斗的道理。跟其他文学经典选读本不同的是，这套丛书具有贴近中学生身心成长的实用性，它着眼于对中学生心灵的净化和思想品质的培养。这类文学名著，能使正处在世界观形成期的中学生在文学的浸润中，得到正能量潜移默化的影响。

除此之外，本学期在学校的大力支持下，图书馆联手各年级语文组建设了校园休闲书吧"悦读时光"，即响应"读书漂流"理念的号召，在一定时间内让学校馆藏图书通过班级集中借阅的方式漂流于各楼层书吧，以方便学生零距离借阅。学生定期归还书吧的图书后还可以再借新的图书，让年级楼层书吧成为学校图书馆流动的图书站，这样就能提高阅读率和图书流通量，做到物尽其用。"悦读时光"休闲书吧分布于教学楼的四个楼层，每层都配有两个木制大书架和造型独特的休闲沙发，这里光线充足，宽敞舒适。在喧闹的课间，在安逸的午间，在安静的放学后，你都能看到书吧里的学生，或是一个人静静地靠墙坐着，沉浸在书的世界里，或是三五个挤在一块儿分享书中的趣事。

开放、自由的书吧，充分体现了学校、老师、学生之间的相互尊重，相互信任。学校图书馆借书需要登记，并有特定的开放时间，这些都制约着同学们自由阅读的欲望。走进开放式的书吧，每位同学都自觉做到了安静、文明、有序地阅读。小小书吧虽无人值守，但这里的物品井然有序，同学们自觉遵守纪律，每个人都在默默维护属于他们自己的一片小天地。在这里，同学们随意但不随便，自由但不散漫，书吧开放前大家签署的承诺书就像一位无声的老师，引领同学们文明、自觉地阅读，养成良好的阅读习惯。令人惊喜的是，几周后我们清点整理物品时，发现四个书吧内的书籍无一缺失和损坏。阅读不仅是一种学习，更是一种生活方式，阅读素养更是我们应当不遗余力培养的。学生的阅读能力、写作水平得到提升，课余生活在阅读中得到丰富，阅读成为学生的一种习惯和生活方式，这是我们建设"悦读时光"书吧最大的收获。以"悦读点亮人生，书香丰溢校园"为主题的"悦读时光"书吧不仅拓展延伸了图书馆服务师生的功能，为图书馆创新服务空间、提升服务效能搭建了平台，也让我校书香育人、润物无声的理念得到了更好的延续，营造出了更加浓郁的书香校园氛围。

我校书香校园建设致力于打造校园特色文化，提升学校文化品位，深化环境育人功能。书香校园为学生开辟了一条通向心灵深处的道路，学生通过一本本优秀的书籍吸收大师们的思想光辉，慢慢在心里播下爱的、善良的、诚实的种子，汲取了智慧的同时也传承了美德。作为教师，我们润物无声，静静地等候种子生根、发芽、开花，看那一颗颗被书香浸润的心灵慢慢成熟。我们的学生是幸运的，因为他们成长在书香弥漫的北京八中校园中。

刘　洋

王洛宾老师给我们留下难忘的记忆

1950 年秋我们考入北京八中初中，我国著名作曲家、被誉为"西部歌王"的王洛宾先生曾是我们的音乐老师。虽然教我们不到一年时间，王老师却给我们留下难忘的记忆。这记忆总让我们回顾那火红年代，鼓舞我们在人生道路上健康成长。现以此文怀念敬爱的王洛宾老师，并衷心纪念 12 月 28 日王洛宾老师百岁诞辰。

相遇在体育场上

1950 年深秋的一个下午，初一甲班的同学在操场上进行课外活动，无意间看见一个陌生中年人在做单杠动作。他先是引体向上，接着卷身上，然后直臂支撑又来了个后仰回环。动作做得很标准，只是下杠时不太利落，触地后溅起不少沙子。他穿着一身灰色干部服，戴着灰帽子，穿着褐色皮鞋，看见我们都在看他和谈论他，就冲着我们友好地点了点头，微笑着走开了。就在这时，我班垒球队的游击手李森同学跑过来，指着那人的背影，激动地给我们讲起那人在垒球场上的高超技艺。刚才有一个快速低平球飞到他的腿边，他没有接而是侧身小腿向后一抬，用皮鞋后跟一磕使球飞向上方，然后就像摘苹果一样把球摘下来。哎哟，真够棒的，他是新来的体育老师吗？不会吧，体育老师怎么会穿着皮鞋上器械呢！等到上音乐课的时候我们才知道，他是我们新来的音乐老师王洛宾，我们与老师初次见面竟是在体育场上。

谱写和教唱校歌

那时，学校在府右街中部红墙之内。一入校门即可看到对面墙上写有毛主席书体红色的"五爱"，即爱祖国、爱人民、爱劳动、爱科学、爱护公共财物，这是党和国家对学校教育的重要要求。教学楼大门上方写有毛主席书体红色的"为人民服务"，这是党和国家培养人才的最终目标。

学校校长朱学是老党员、老革命，在延安时期就从事教育工作。学校领导坚决按照上述重要要求和最终目标做好各项工作，那时就把创作学校校歌当作一项政治任务交给了学校两位老师。作词是语文教研组负责人，德高望重的臧恺之老师，而作曲就是新来的音乐老师王洛宾。创作完成并得到学校认可后，王洛宾老师先在我们年级教唱。

当"一片桃林，温暖春风，吹开鲜花万紫千红，北京八中培养新人……"的歌声在课堂上、校园里飘扬之后，我们才知道作词和作曲的两位老师是谁，我们如同在操场上一样又看到了王洛宾老师的微笑。

与时俱进的教学

王老师教过我们不少歌，那些歌密切结合时事，这既让我们加深理解其内容含义，又使我们通过歌声将其向社会传送。

人民解放军进入西藏时，他教了我们一首填了新词的西藏民歌。歌词是："……那一眼望不到头的哟，是雅鲁藏布江的流水。那雅鲁藏布江水滚滚地流呀，不流到大海不回头哟。那藏族人民斗争求解放，不得到胜利不干休哟。"这首歌高亢、豪放，唱出了藏族人民求解放的强烈愿望和坚定决心。

当美帝国主义对鸭绿江狂轰滥炸，妄图把战火燃烧到我国时，他教了《鸭绿江渔歌》。歌词是："日出东方照渔船，鸭绿江水流不断。撑起了白帆离了江岸，船连船来帆连帆。捕鱼撒网在水面，生活越过越美满。"这首歌婉转、悠扬，唱出了鸭绿江上中朝人民的和平生活和对侵略战争的控诉。

在中苏友好同盟互助条约生效，苏联友人及专家陆续来到我国后，他教了《莫斯科—北京》。歌词是："中苏的人民是永久弟兄，两大民族的友谊团结紧……斯大林和毛泽东领导我们，莫斯科北京，人民在前进前进。为光辉劳动，为持久和平，在自由的旗帜下前进。"这首歌节奏鲜明、铿锵有力，唱出中苏人民的牢固友谊和保卫和平的坚强力量。

美帝国主义为侵犯我国，破坏亚洲和平，开始武装日本时，他教了《反对武装日本》。歌词是："反对武装日本，反对武装日本。日本必须走向民主，亚洲必须走向和平。美帝国主义要武装日本，我们坚决不答应。反对武装日本(呼口号)。"歌曲坚定、愤懑，唱出了我国人民反对美帝国主义武装日本的坚定决心。

激情驱动下的力作

在抗美援朝的日子里，八中师生受到爱祖国、反侵略深刻教育，以饱满政治热情投入到斗争的洪流当中。拥护志愿军入朝，庆祝中朝军队首战胜利，支持和平签名运动，庆祝平壤解放，反对武装日本，等等。每个重要时刻，八中师生都立即停课，上街游行，进行宣传。

游行队伍以军乐队为先，大型主题横幅与红旗随后，队伍中抬着领袖像，举着彩色标语，一路上高呼口号。在挤满人民群众的地方，学校宣传员按照事先准备的内容，着重讲解时事和道理，表达对党和政府的拥护与支持，表达反战争保和平的意志和决心。

当时，刘国正老师潜心作词，王洛宾老师精心谱曲，小歌剧《卢沟桥水哗啦啦流》诞生了，这是爱国主义激情驱动下的力作。内容是：桃花盛开的时节，父女耕耘在卢沟桥畔，面对美好景色和生活，回忆起辛酸往事。十三年前的一个夜晚，日军从这里发动侵略，女儿母亲惨死战火之中，让人怎不伤心落泪。不能忘记帝国主义的罪行，不能再让帝国主义对我们侵略。歌剧简洁、抒情、明快，采用男女声轮唱与合唱的形式进行表演。

八中剧团在两位老师指导下进行排练，在学校组织的集会和游行中演出，还为居民、企业、部队以及京郊农民等演出数十场。演出在群众中引起强烈反响，激发了人民群众的爱国热情和反侵略斗争意志。八中为此受到共青团北京市委书记张大中亲自授旗表彰。

教唱苏联歌曲

初中一年级学校开设了俄语课，一天我班钟绵驹同学去俄语教研室找韩清涛老师答疑。一进门就看到王洛宾老师正与韩老师用俄语流利地交谈。王老师懂俄语的消息传来，我们感到惊讶和欣喜，这将成为我们学习苏联歌曲以至俄语歌曲的好机会。

那时没有体育方面的歌曲，王老师就亲自翻译了苏联歌曲《体育万岁》。歌词是："火热太阳，灿烂辉煌，在天空放出金色光芒。哎！同志们挺起胸膛，伟大生活中脚步要加强。为了身体和精神能够更年轻，我们不怕热和冷，炼成钢铁英雄。体育万岁，体育万岁。"歌曲旋律雄壮、有力，我们在教室里、操场上、运动会上兴高采烈地歌唱。

王老师还教了《伏尔加船夫曲》。歌词是："哎哟嗬，哎哟嗬，齐心合力把纤拉……拉完一把又一把。穿过茂密的白桦林，踏着世界的不平路，我们沿着伏尔加河，对着太阳唱起歌……"这首歌深沉、有力，让人听到了沉重步伐，看到了艰苦劳动，领会了反抗精神。从这首歌开始，王老师辅导我们用俄语歌唱。

我们还学了《飞向莫斯科》。歌词是："向莫斯科城飞啊黄莺，向克里姆林宫明亮的星，把我们每个人的心，去献给亲爱的斯大林……前面充满活力青春，为创造祖国幸福，要发扬革命劳动精神。"这是支童声歌曲，亲切、纯真，我们十分喜爱，唱不绝口。

在王老师培养教育下，我们学会用俄文唱《莫斯科—北京》，用中文和俄文唱《春天里的花园花儿多美丽》。一时间，唱苏联歌曲、俄文歌曲，在我年级和我校蔚然成风。

讲述意大利名曲

一次音乐课上，王老师拿来一个手摇留声机，是78转的，到了五分钟就得换唱片。留声机不太新，不知道是学校的还是老师自己的，王老师就用它播放音乐并给我们讲述了意大利名曲。

《威廉·泰尔》原是德国著名作家席勒所写的剧本，后由意大利著名作曲家罗西尼改为歌剧。该剧讲述了瑞士民族英雄威廉·泰尔领导人民反对奥地利统治，争取独立的故事。

其中让我们关注、紧张、难忘的情节是：威廉·泰尔因不向狂傲的奥总督敬礼而被捕，他必须射中儿子头上放着的苹果才能换取自由，结果威廉·泰尔一箭命中。群众热烈欢呼并拥戴他为领袖，带领大家进行反抗统治者的斗争。

故事讲完之后，王老师还放了一段歌剧，当中有群众热烈舞蹈的乐曲。有心的同学竟按唱片旋律记下了乐谱，时至今日还能唱得出那乐曲，写得出那乐曲中最为自己喜爱部分的音符。

王洛宾老师博学多才，热衷教育，紧跟时代，工作卓越。他让我们知道音乐是另一种语言，能抒发情感，可传递心声。美好的音乐永远歌颂祖国，歌颂人民，歌颂英雄。

李增惠　钟绵驹

做功德致远的八中教育者

作为一名教师，我时常思考着：我要培养怎样的学生，该如何去培养？在八中工作至今已逾十五载，在这段时间中我既是教育者，也是受教育者，八中的办学思想引领着我，身边优秀的同事启发着我，一届又一届的学生促进着我，在八中的教育氛围中，这个问题的答案逐渐清晰……

难以忘记在语文老师郝琳琳的带领下，我们2018届的学生走出校园上的一次生动的语文课——行走京城。孩子们拿着设计好的学案，带着老师提的问题，一路沿着南长街、北长街，路经福佑寺，观故宫西侧建筑，品古建筑之美之巧。"重檐庑殿顶"等中国古建筑的专有名称，我也是第一次了解到。孩子们饶有兴趣地看着听着，讨论着，品味中华传统技艺之精巧，文化之灿烂，历史之深厚。我们又一起爬上景山，观紫禁城全貌，站在北京的中轴线中心，思古念今。42名学生在景山最高处齐声背诵经典，并在老师的指导下在景山上就地取景取字作诗比赛，激发了对祖国优秀文化的热爱。景山上洋溢着青春的笑容和蓬勃的朝气，惹得游人都忍不住观看赞赏，作为老师的我也感到激动和幸福。我想到了读过的一句话，"只有当知识化入个体的心灵和生命体验之中，这些知识才能真正拥有人文的性质"。

八中有很多优秀的老师正在努力这样做着。举行语文话剧表演活动，让孩子们把经典文章"演出来"，品味经典，体会百态人生；举办英语戏剧节，让孩子们勇于创作、敢于展现，了解不同文化；开展一系列实践，科学研究活动让孩子们在科学的世界里探索，地质野外考察让孩子们在实践中学习，走进历史活动让孩子们在古迹旁思古论今……

"以文化人"，这里的"文"当然包含广博的知识文化，但绝不止于此，人性的完整、人格的完善、内心的力量、先进的价值观及其规范更是人文的重要部分，也是一个人一生的底色和力量。那么如何将其"化"入人心呢？我的班主任师父王竹红老师以她的"化人之道"深深地影响了我，耳濡目染中我看到其核心在于"人"。要看到学生，尊重和理解学生，着力于个体人格的完善和人性的实现来进行教育。更要看到自己，以自身的行为品格、不断学习完善的精神引领感化学生。

我曾经的一个学生在高中的学习中遇到了困难，勇气不足的他开始逃避，时常不来上学。我看到了那个内心想要追求学业优秀的他，也看到了对现实中的自己难以接纳、心理力量不足的他。当时的他需要向内心注入力量，我和他谈心，找机会不断鼓励他，告诉他每个人的节奏都不一样，他不必马上达到他希望的优秀，但他有能力不断走向自己想到达的目标，而且往往最美的风景就在路上。每一次他又要退缩时我都鼓励他向前一点，我常会在课后给予他一定的单独帮助和辅导，和他聊聊天，让他感受到来自学校的温暖，让他感到他能行，一点点地建立成就感。心灵的强大和内心的完善不可能是一蹴而就的，中间他的急躁和反复也曾让我感到沮丧甚至有些生气。

然后我看到了自己，我自己是否能面对困难保持耐心不着急？是否能像师父一样以自己的行为作为引领？于是我增加了对他的包容，不断给予关心理解和引导帮助，一起闲聊校园生活的趣事，分享人生感悟。当我在他身上发现了良好的品格和一些温暖的行为时，及时地表达肯定和谢意。鼓励他参与到一些班级活动中来，让同伴的友情不断温暖他、吸引他。就这样，慢慢地他敢于回归校园，积极地向前走。

在毕业后的某一天，他对我说，他觉得人生中遇到的事情都是馈赠。我知道他内心的力量正在茁壮地生长着，也真正体会到，"化人"应该是"一棵树摇动另一棵树，一朵云推动另一朵云，一个灵魂唤醒另一个灵魂"，是一种爱的"感化"。

八中"以文化人"的教育底色，深深感染着我。为了学生的完善和发展，八中的老师们也在不断地提升和完善自己，用爱心、用智慧，感化启迪着学生，努力做功德致远的教育者。正是在"以文化人"的过程中，老师和学生的生命都得以展开和提升，何其幸哉！

张　蝶

春风化雨　润物无声

这场春雨一直下着，从凤凰岭下到祈年殿，滋润着一年又一年的四季。

——题记

随风潜入夜，润物细无声。上海的天气总是这么阴晴不定，窗外又飘起了小雨。淅淅沥沥的秋雨总是能勾起人的回忆，思绪飞到秋游时的凤凰岭，飞到高考前的祈年殿，飞向了那段难忘的高中岁月。细细算来如今我从八中毕业尚不足五个月，可我时常感觉离高中、高考已经很远了。或许是北京到上海的距离让那段记忆显得遥远，抑或是八中的岁月太过美好，如同梦境一般不真实，因而觉得远了。还记得有一次考试，语文的大阅读题目是《西洲何处》，"西洲在何处，两桨桥头渡"。作者心中的西洲是他的家乡，他在结尾写道：西洲是一个可以托付梦想，托付思念，可以托付爱的地方。如今再读这篇文章，只觉心中一颤。于我而言，又何尝不是如此？在八中的这三年就是我心中的西洲，是可以托付我梦想、思念与爱的地方。这三年中有朝阳与晚霞，有欢笑与泪水、欣喜与感动，有同窗作伴，有师长教诲，有八中庇护。是啊，这三年太过美好。然而对我影响最大、让我印象最深的还是八中的教育理念和一位位教育家。他们胸怀天下，以文化人，为祖国培养着一代代栋梁。

八中的教育理念——培养全方位发展的"人"

我是八中 2023 届毕业生，如今就读于华东师范大学数学系强基拔尖班。在八中，我成绩并不算突出，也没有超群的智力，只是一个普通女孩。因此我只想谈谈一个普通女孩对八中教育理念的理解以及它对我的影响。

记得一进八中校门便可以看到一块立着的石头，上面有郭沫若先生题写的"为祖国而读书"六个鲜红大字。是的，八中为我们上的第一课就是立下报国之志，为祖国而读书。每次开学典礼上王校长都会讲八中人的"三气"："为中华崛起而读书"的志气，"数风流人物，还看今朝"的豪气，"勤奋进取，上下求索"的勇气。可见，排在第一位的，也是八中的教育基点。少年的肩头不应只有清风朗月，更应有家国情怀。

八中的素质教育更是深入人心，让我印象最深的是八中的体育教育。八中素有"金融街体校"之称，这还真是名不虚传。八中每学期都为学生开设体育选修课，学生可以选择自己感兴趣或者想尝试的项目。项目种类之全堪比大学，有篮球、足球、乒乓球、羽毛球、健美操、武术、游泳、体能……八中更是保证学生每天一小时的体育锻炼时间，就算是到了高三，每周仍有四节体育课。六个学期中，有三个学期我选择了体能课。上高中前我很惧怕长跑，只要听说要跑超过一公里，我都会有畏难情绪。按照体能课老师为我们打造的科学体能训练方案锻炼之后，我的体能有了明显提升，可以一口气跑下七八圈。不只是重视体育课，八中更是积极组织体育赛事，如篮球赛、足球赛、羽毛球赛、乒乓球赛、游泳比赛、春季"进取杯"长跑比赛等，充分激发学生的体育运动热情，让同学们拥有健康的体魄。试想，一个人若没有健康的体魄又如何为祖国健康工作五十年？健康的身体是一切的根本，这也是八中大力保障体育的初衷。

八中的素质教育更体现在为学生举办各类学科活动，提升学生的综合素养上。记得高一时学校举办诗歌展演，我们班的主题是"李白"，我们用情景剧形式表演贵妃研墨、力士脱靴，展现李白的豪放不羁与酒魂诗骨。"酒入豪肠，七分酿成了月光，余下的三分啸成了剑气，绣口一吐就是半个盛唐"。最后，当全班齐诵《上李邕》中的"宣父犹能畏后生，丈夫未可轻年少"时，我的眼眶湿润了。或许，这眼泪中既有对李白报国万志落空只得美酒解愁肠的叹惋，又有对全班一个月来一起准备的诗歌展演终于圆满完成的感动。类似的活动还有很多，如英语配音大赛、辩论赛、话剧展演等，每位同学都参与其中。丰富学科知识的同时，学科活动还锻炼了我们的表达能力、展演能力，让我们在日后大学生活和工作中的展演上不怯场，大方展现自己。这就是八中素质教育的魅力，八中不只注重成绩的拔尖，更注重培养全方位的人，而不是只会做题的"机器"。

八中的先进的教育理念远不止这些。这一个个教育理念绘制成一张宏伟的教育蓝图，影响着一代又一代八中学子，成为他们日后成功步入社会的基石。

八中的教育家——良师益友春风化雨

或许你会觉得我上述讲得太过宏大，那下面我来讲讲我身边一位位实实在在的教育家们。

我认识的第一位八中老师是修松梅老师。中考出分后我和妈妈在八中的校园开放日来到八中，几位老师负责为我们一对一介绍八中的情况。我和妈妈被分到了修老师那一组。我的中考分数是 562 分，能不能进八中还是未知数。我和妈妈不免有些焦虑，也有许多问题要问。当天修老师很耐心地为我们讲解八中的教学模式，解答我们的问题，我们谈了两个多小时。要知道当时我能不能进八中还未可知呀，可修老师还是面带微笑不厌其烦地解答我和妈妈的无数问题，当时我就被八中老师的耐心、细致、博爱打动了。也很庆幸，我最终压着录取分数线进了八中。

八中老师的敬业、认真负责更是让我们钦佩。每晚九十点钟，办公楼里仍然灯火通明，就算是寒暑假老师们也会开腾讯会议，解答学生的问题，记得几次寒假的物理和地理答疑甚至排到了腊月二十九。即便我们是在大年三十问问题，老师们也会细心解答。化学杨老师每次批改作业比我们写作业都认真，红笔批注写满了整页，让我们深感惭愧。正是这一位位脚踏实地、实干敬业的教育家，让八中成绩名列北京市前茅，享誉全国。

很打动我的还有八中老师始终将学生与老师放在平等位置，真心实意为学生考虑，并愿意将自己不论成功还是失败的经历分享给学生的精神。每次我们去办公室，班主任孟老师都会让我们先坐下来再说问题，在她眼中，学生与她是平等的，她愿意与我们平等地交流。记得有一次我和妈妈吵架，恰巧被语文徐老师知道了。她并没有急着站在道德制高点上责怪我，而是先和我分享了她高中时和母亲吵架的经历，慢慢疏导我激动的情绪，让我意识到自己的问题。临近高考任务多，我压力很大，包袱很重。数学郭老师观察到了我情绪的波动，主动找到我，和我讲述了她成长历程的点点滴滴，也说了很多推心置腹的话。这不像是一位任课老师在和学生谈话，更像是一位大姐姐在给自己的妹妹分享秘密，至今我还记得那个下午她温柔的目光与温暖的话语。还有一次我外出，郭老师怕我一个人回学校不安全，便亲自用电瓶车载我回学校。上一次坐别人的后座，还是上小学一年级时妈妈用自行车载我去单位的时候。坐在郭老师电瓶车的后座上我比较羞涩，没好意思搂着她，只是抓着她的衣角，但心里早已暖洋洋。

这三年我们在一位位教育家的呵护下茁壮成长，他们亦师亦友，用真诚、热情、敬业感染着我们，教化着我们，成为我们成长道路上的引路人。

写到此处意犹未尽，感觉还有好些话没说。我时常想，八中到底带给了我什么？一定不只有高考分数和说出"我毕业于北京市第八中学"时的骄傲与别人投来的羡慕眼光。我想，八中更教会了我为人要善良、踏实、低调，更让我在数分考试受挫时有爬起来从头再来的勇气。读数学系是艰苦的，注定要舍弃很多物质欲望与享乐，潜心投入到数学的钻研之中。但这也是祖国亟待强化，以破解技术封锁的领域。

三年太短，还未来得及将八中的一砖一瓦细细端详。但这三年时光必将观照久远岁月，让我们在成长之路上笃行致远。八中永远是我的骄傲，希望有一天我也能成为八中的骄傲。

雨一直下着，你、我、八中在风雨中携手前行！

汤皓如（高中部 2023 届 13 班毕业生）

推荐教师：徐苒

花落有声

　　毕业后，我时常会思念，思念那藤萝花架，思念那簇簇海棠，我似乎急切地想要回到那美的故乡去，但又怕自己的思念会惊扰到曾经。

　　八中教会了我什么呢？这好像用语言是说不出的，就好像《老子》所讲的"道"是无法用语言描述的。这时候我便感到无力，我认为一切语言在这里都是苍白无力的。我记得楼南面的海棠花开的时候，老师会停下讲课和我们一起向外看，我们还会被老师号召着去花园里合影。当美到来时，八中从来不会认为她会搅乱人的心智，反而会带着我们一起欣赏她、守护她。我曾把八中比喻成一棵海棠树，海棠花的盛开带着浓烈的生命力，但这生命力离不开海棠树的支撑。树轻轻地托起每一朵花，又让花儿们迸发出自己的能量，朝着太阳笑。老师说"生若直木，不语斧凿"，花开花落是成长必经的过程，但花落后是选择抱怨世道的不公，还是把它转换成重生过后更加旺盛的生命力，这一切也已不言而喻。

　　《论语》的奥义像一座深邃的宫殿，但是八中很愿意带着我们跨过一个又一个门槛。如今当我再读《论语》时，已不再有什么不解的痛苦，反而能感受到归家的安心，我似乎常常通过阅读已经读过的书去怀念那段日子。我认为八中的教育理念是最贴合儒家思想的，比起执行强硬的校规，八中会很耐心地给我们解释为什么这么做对，那么做不对。就拿要求按时交饭费这一件小事来说吧，老师会给我们解释，八中这么多个校区都是由一个会计来记账的，若是有人交得晚了会给人家带来很多不便。这件小事我记了很多很多年，规矩背后的尊重是每个人都要学习一生的。没有规矩，不成方圆。但按规矩做事并不是为了让自己不受惩罚，而是为了让自己内心变得善良而高尚，塑造出一个美丽的灵魂。

也记得在八中，爱好不是罪过，反而是值得鼓励的事情。那时我最喜欢早读时听老师讲《笠翁对韵》，一句"诗写丹枫，韩女幽怀流御水"让我至今念念不忘，枫叶上的诗在我小小的灵魂上激起了一片涟漪。12岁的时候我第一次在作文本上写诗填词，得到了老师的两颗红星星以及一句"期待你的大作"。现在再看只觉得当时写得过于稚嫩，但那片写着诗的枫叶终究是漂流在了我的青春里。我曾觉得自己不是一个善于写作的人，为此我也不知悄悄流了多少的眼泪，但老师却一直鼓励我要去表达自己最炙热的情感。初二那年的秋天，老师送给了我一片银杏叶，上面写着"不鸣则已，一鸣惊人"，这片银杏叶至今还夹在我最喜欢的书里。在那清澈的时光里，银杏叶永远也落不完。大学的一次美学课上，老师问我认为是"人杰地灵"还是"地灵人杰"，我不假思索地回答：地灵人杰。如果没有八中这块土地，我可能早已听不清自己心底的声音。八中愿意拥抱一切美的事物和所有不完美的我们，再轻轻地让我们在未来绽放。即使我已经离开了这座象牙塔，但那塔里的光一次又一次地滋养了我心底的花，再让那花向阳而生，陪伴我无数远方的路。

所以，八中教会了我什么呢？我想大概是致美吧，从守护美，到成为美，这个过程是润物细无声的。就像我曾经不能理解"致美"的含义，但若干年后，当我写下大学课程作业时，才发觉我早已带着致美的香气了。"生若直木，不语斧凿"，伤痕里长出翅膀是因为对自己的谅解与自我重生，这是在自己身上"致美"；"道之以德，齐之以礼"是在塑造灵魂的同时把美带给社会；"不鸣则已，一鸣惊人"，每一颗种子都会迎来开花的那一天，我们身上的微光终有一天可以为人类群星的闪耀而"致美"。我曾被现实打磨得失去了那份纯真的美，但如今写下这些文字后，那些曾耳濡目染过的，终究又回到了自己的身边，这就是母校那熠熠生辉的魔力。

康宁静（初中部 2018 届 12 班毕业生）

推荐教师：翟莹熙

大心脏、大思维与大境界

尊敬的各位领导、老师：

大家好！

今天我很荣幸能在这里以一位不久前刚刚结束中学生活学生的身份，根据自己几年来在八中的学习生活经历，阐述素质教育给予我的最大影响以及我最深切的感触。

如果让我用几个关键词来概括八中所倡导的"着眼于未来，着力于素质"中学教育的最特别之处，我想就是学校在教学的各个方面都在努力培养着学生的大心脏、大思维与大境界。

所谓大心脏，是正确认识挫折与失利的价值观，以及处变不惊的心态。

中学时代我们最常遇到的挫折就是考试失利，这一看似平常的问题对很多同学而言却是难以应对的，是困扰不少优秀同学的一大心病。究其原因，是我们把分数看得太重。虽然老师们都会教育学生说考试只是检验阶段性学习成果的工具，不能唯分数论人，但在实际中，一部分同学甚至是一些老师较为重视考试成绩，习惯以成绩高低评判他人，这样的行为往往给其他人带来莫大的心理压力，最终使得整个群体产生过于看重分数的倾向。这种倾向固然有一定的督促学生学习进步的作用，但也让许多学生长时间处于紧张而压抑的心理状态，久而久之有可能影响学习热情和考试发挥。而在北京八中，我能感受到一个健康和谐的大环境——老师们用实际行动践行"不把分数看得太重"，对学生们一视同仁。同学们也懂得考试成绩不能作为评判一个人的唯一标准，能够在学习中友善地互助。正是在这种环境下，让我真正培养出了面对学习挫折时的平稳心态，让我在周围人的理解和鼓励中真正相信失败可以是帮助我们查缺补漏的机遇，而不是否定价值的沉重打击。也是这种对失利重视但不畏惧的大心脏，让我在考场上能够多一分冷静和淡然，帮助我更好地发挥自己的实力。好学校、好教育的特征之一应该是着眼于学生心态的培养。

所谓大思维，是在紧张的中学学习之余能够关注时事、展望未来，积极进行个人思考的思想。

中学的学习生活节奏紧张、任务单一。但生活不只有学习，若是与社会脱节，对生活和时事缺乏了解，学生可能成为许多人批评的"书呆子"。八中会利用自习时间或集体活动时间为我们安排讲座，邀请校外专业人士为同学们讲解国防、金融等各个领域的现状与未来。就素质班而言，我们每周会有校外实践活动，经常前往各类展馆与研究所进行实地主题学习；每个学期会有游学活动，曾到江苏、山东等诸多省份在文化、科技、地理等方面开展考察与学习。闲暇时，老师们也会和我们谈论国内外大事，分析时政热点，一同了解科技前沿，品味社会情怀，放眼广阔未来，让我们中学的学习更有广度。这些活动也为我们塑造出良好的思想氛围，一方面帮助我们对自己的未来选择有了初步的规划；另一方面将各类时事与各行业角度、各不相同的观点作为思想的打火石，为我们带来新奇的灵感，产生自己的理解和思考，这种独立的思考哪怕在大学中都是十分宝贵的。可以说，勤于观察与思考的大思维让我在中学获得了全面的素质发展，更是在独立思考的能力上有了很大的进步。总结而言，好学校、好教育的特征之二应当是拓宽学生学习的广度。

所谓大境界，是在中学学习生活中专注目标、不懈努力的自觉，是"先学做人，再做学问"的道德修养。

中学里许多学生学习上的进步并非外力所致，而是自身觉悟的提高引发的。当同学们明白学习和努力不是为了得到一个结果给谁看，而是为了让自己的未来多一份选择的可能时，所产生的由内而外的紧张感和积极性是难以想象的。与此同时，这种自觉性也帮助学生完成更为重要的道德修养的完善，这样的效果是刻板的说教不能比拟的。学于八中，校园里的同学教师、人文历史环境，都在润物无声地向我们传递着八中人引以为傲的美好品格。课堂上，老师们在讲课之余将自己的人生经历与经验分享给我们。班主任也常会利用班会的时间，与同学们展开人生层面的交流，在聊天中倾听我们的想法、提出自己的见解。我想这些可以算是我中学几年来最宝贵的收获，思想的交流、经验的传授带来的是我对人生产生新的理解和思考，让我从这些"过来人"的经历中渐渐明白学习的真正意义。环境的熏陶、身边榜样的影响激励我向上向善、完善品格。这种思想境界的转变使我直至今日仍获益匪浅。我想好学校、好教育的特征之三便是提升学生的思想自觉。

当年来到八中，我接触到了更好的素质教育。如今离开了八中，我带走的是一个更好的自己。七年的学业是一次寻觅的旅程，西城的教育氛围、丰富的活动以及优秀的教师们，让我在知识之外收获了从容的心态、坚定的志向与谦逊的品格。我想，在这一过程中西城区重视提升学生全面素质品质的教育氛围功不可没。我也希望能有更多的中学生在这样的氛围中，尝试走出单调的学习生活，在探索与思考中遇见更好的自己。

谢谢大家！

李宇轩（素质1班毕业生）

以文化人的力量

一所有底蕴的学校，必有其自身独特的文化气质，潜移默化中赋予学子理想塑造、精神洗礼与品格熏陶。

北京八中就是这样一所拥有深厚历史底蕴与独特精神气质的学校，其底蕴与气质源于学校悠久的历史，源于不凡的发展历程，更源于教育者对成风化人的不懈追求。

北京八中的前身四存中学以清代学者颜习斋、李恕谷写的《四存编》命名，取"存学、存性、存人、存治"之意，当时学校以"尚实习、尚实学、尚实行"为校训，致力于培养兴国利民的一代新人。四存中学的办学烙印深深融入八中的基因，奠定了八中的精神底色。如今走在八中校园，依然可以看到"四存"石碑、"尚实习、尚实学、尚实行"的景观石等景观印记，向人们昭示着这座百年名校的精神坐标。

八中的文化气息之中氤氲着爱国主义精神。解放初期和20世纪50年代，八中重视对学生进行爱国主义教育和人生观、价值观教育，学生在学习和日常生活中表现出了极高的政治热情，也涌现出很多感人故事。在抗美援朝运动中，全校符合参军条件的有392人，仅一天就有182名同学报名参军。学校学生们还把零用钱节省下来，捐献给国家购买飞机、大炮。正如1951年，郭沫若先生给北京八中题词——"为祖国而学习"。爱国，是一个人立德之源、立功之本。把爱国种子埋进每个学生的心灵深处，历来被放在八中教育最重要的地位。

学校独特气质的形成，在历史沿革，也在教育团队。文化育人的本质在于以文化的正向价值，导引教化人走向道德、理性、真善美，从而实现立德树人的目标追求。在新时代，北京八中逐步形成了"着眼于未来，着力于素质"的办学宗旨，以"勤奋、进取、和谐、致美"为校训，在培养和造就"志向高远，素质全面，基础扎实，特长明显"的一代新人方面积累了诸多办学经验。正如王俊成校长所说："一个学生的成长不是一个简单的课堂教学，还有耳濡目染、感同身受。""要用高尚和高远引领学生未来。"知行合一，王校长言传更兼身教。军训中讲话遇雨，王校长拒绝打伞，在雨中给学生讲话。他的讲话，孩子们听得懂、听得进，私下里称他为"俊成兄"。这称呼，是少男少女用自己的方式给予师长的独特认同。绵绵用力，久久为功。教育者将学校的独特气质转化为学生耳濡目染的文化土壤，我想，这正是八中为学生培根铸魂、启智润心的"秘钥"。

这便是"以文化人"的魅力！

当我们走进一所学校，就算没有任何人为我们作介绍，我们也可以从其师生风貌、景观布置、宣传栏等方面，感受到这所学校的文化内涵与底蕴，感受到这所学校的教育理念和精神所在。

在北京八中有两尊雕像，一位是孔子，一位是苏格拉底。孔子与苏格拉底，分别是东西方历史上，最早开设私人讲学的教育家与思想家。两人都被誉为"人类的导师"，都善于启发学生积极独立思考问题，获取智慧。

习近平总书记曾说过，一个人遇到好老师是人生的幸运，一个学校拥有好老师是学校的光荣，一个民族源源不断涌现出一批又一批好老师则是民族的希望。在八中，每位老师都在用精神、情感、见识和修养"深度地参与学生的成长"，努力用高尚和高远去激发和引领学生，让他们全面发展"各美其美"，真正成为优秀的建设者和接班人。他们说："在'本真致美，立德树人'教育理念的引领滋养下，每个八中的学生都不是昙花一现的考分学生，而是历经炼金琢玉而精心锻造的栋梁之材。"他们说："是花就让他芬芳，是草就让他翠微，是树就让他茁壮，各美其美，才是教育致美的境界。"

文化让校园有深厚的底蕴，文化让校园有生动的灵气。走在八中校园，每一个角落都被文化浸润。学校平台玻璃处张贴着共和国勋章获得者的人物介绍，告诉学生们要"扣好人生第一粒扣子"；餐厅外，学生抬头便能看到"布衣暖、菜根香、读书滋味长"；一个个同学们自己设计的班徽，表达着对理想的追求和渴望。以人为本、全面发展，确保学生在这里不仅能享受优质的教育，还能参与各种丰富多彩的社团活动，在开放而充满活力的校园氛围中展示自我、培养兴趣爱好，让每一位学生都能找到适合自己的发展空间。一位八中学生在毕业留言中这样写道："用八中赋予我们的品质，于国家引领向上向善的风气。也许这听起来太过远大，但一个国家需要仰望星空的人，八中正是在为学生们打开望向星空的穹幕。这是八中给予我品格成长的熏陶与激励。"

用高尚的情怀激发孩子的潜力，用润物无声的方式培养少年自觉、自制、坚韧的品格，让一代又一代少年像树一样静静的强大地生长。

这便是"以文化人"的力量！

魏驱虎（高中部 2026 届 11 班家长）

本真致美、矢志教育的摆渡人

如果命运是一条孤独的河流，谁会是你灵魂的摆渡人？在八中，有这样一位老人，年过六旬，躬耕教育四十余载。他守望岁月的堤岸，静候着花朵的盛开；他手握如炬的烛火，照亮来往人们未知的路途；他以细碎具体的爱，在迎接和目送中护育着未来。这个人就是北京八中的掌舵人——王俊成校长。

优秀在于境界，价值在于成就

他是全国优秀教师、全国先进工作者、正高级教师、特级校长、国家督学、国务院参事……他应该是传统意义上的名师、名校长。然而，熟悉他的人都清楚，他的"名"并非头上的这些名冠，而是他为人的真诚和坦荡，他对教育改革的豪情和坚韧，以及他乐而忘私发自心底对教育深沉的爱。

"述而不著，实而不华，成而不名"是他对自己提出的"三不"，他是这样说的，也是这样做的。踏实、务实、朴实这是他给大家留下的印象，但他却是一个非常"双标"的人——学校的事再小也是大事，自己的事再大也是小事。无论是勇挑重担完成一次性合并两所薄弱学校的改革重任，并将被合并校的招生名额和教师队伍照单全收，不丢下任何一位老师和学生，还是对超常教育执着地坚守、拓展和升华，纵深推进国家拔尖创新人才基础培养的战略性实践；无论是每个周一早上风雨无阻忍着腿疾病痛站在校门口的值守，酷暑中为教职工子女的入学而用心地奔走，还是教室的空调冷不冷、学生吃的饭菜好不好、冬天孩子们洗手是否有温水、老师们的家里是否有困难……这些都是他时时放心不下的大事。5+2，白加黑，几十年来的每一天他几乎都坚守在学校。放学后，他办公室的灯依旧长明至夜，甚至有上晚自习的学生写下"校长请休息"的字条塞进他的门缝……这样在事业上的"拼"，常常让人忘了他已年过六旬。有一次他晚上8点左右回到家，跟老母亲说了几句话，在等热饭的时候竟坐着睡着了。在被叫醒吃饭时，老人看在眼里心酸又心疼，并对他说："你工作这么累啊，你可不能让你的老师们也像你这么累。"每个八中人心里都清楚，王校长热爱着八中，厚爱着八中人，在他的心里装满了事业和别人，好像唯独没有自己。

他和很多人不一样，任务来了不烦不推，困难来了不躲不藏，但要是荣誉来了，他却总是真心推让，如推让评选特级教师和正高级教师等，他还拿出自己的积蓄10万元捐赠给学校用于青年教师的培养基金。他成就事业、成就他人，培养了一批特级教师、正高级教师、北京市人民教师、北京市师德模范等，同时也培养输送了一批德才兼备的干部到别的学校担任校长、书记。他已过了退休年龄，面对外面高薪聘请而不去，面对学校工作重压而不怨，只为服从组织决定。有的老教师感慨地说："您多亏啊。"也有非常优秀的教师问："您后悔吗？"他特别平静地回答："不后悔！组织对我的信任与尊重、八中对我的托举与赋予，我得到了太多尊严、价值、幸福体验……我拿什么奉献给她都不够！"

用高尚和高远引领学生成长

"学生的笑脸是我最大的幸福！"他经常这样说。这笑脸不仅源于孩子们优质的学业和生活，还有他们对高尚高远的追求。每年新生入学的第一次铃声仪式，王校长都要跟学生们强调八中的三句话——"先做人，再做事；先做该做的，再做想做的；越在黑暗的地方越做光明的事。"每届学生毕业的最后一次铃声仪式，王校长都要向学生们强调三个"记住"——"记住你们家、你们的母校和你们的祖国！你们传承和证明着他们的精神和品质，也承担着和成就着他们的使命和尊严。"这些话语大多数八中学子几乎都能脱口而出。

王校长提出实行广泛导师制，每个学生可以选择自己的导师。王校长被一个学生选作导师，这个学生聪明、善良，但也和大多数家庭优渥的孩子一样缺乏刻苦和坚韧。第一次和导师见面聊天交流，是在王校长的办公室，这个孩子有点随意也很惬意地靠坐在王校长对面。在聊天的过程中，王校长问了三个问题："一个家庭的发展靠什么？一个国家和民族的发展靠什么？你将来想成为什么样的人，于国家、民族、社会有怎样的担当和贡献、体现怎样的价值和尊严？"王校长深刻真切地启发引领，使学生认真庄重起来，眼神里透着深思。而后王校长继续跟他交流："作为优秀的八中学子，应该是于国家、民族、社会能引领方向促进其升华质变的创新领导者，而不能是仅仅增加量变的追随者，更不能是仅仅享受于此的慵懒者。"此时，王校长说他能感受到他们俩的心灵都在升腾。这个学生最终以优异的成绩进入了清华大学。王校长经常要求老师们要用精神、情感、学识和修养深度地参与到学生的成长中，努力用高尚和高远去引领学生。

王校长坚信现在学生的见识和心底里拥有高远美好的向往和追求，而我们要做的就是升起孩子们的向往之心。有一名高三学生，因为家里突遇变故而备受打击、状态消沉，王校长得知后先跟班主任老师了解和叮嘱，又主动与学生的母亲沟通，再真诚地与学生谈心，加上老师的关心和帮助，学生的心结很快就解开了，走出了低沉郁闷的状态，露出了自信的笑脸，并最终以高分进入了一所重点大学。很多毕业生和家长都感慨：能够遇到王校长这样大格局、有情怀、懂教育、爱学生的好校长，是孩子中学生涯的一大幸事。

本真致美地做教育

当教育内卷越发严重、家长的焦虑成为常态、孩子们已经不堪重负，作为教育者的我们就更需要用从容和本真谋行教育的长远，用思想和成就提升教育的品质。王俊成校长有着31年的校级干部任职经历，曾在山东、北京两地四所中学担任校长，无论在山东省基层学校、北京郊区学校，还是在北京重点学校，他带一校兴一校。始终坚守着"理论与实践的结合，行者与悟者统一"，坚持本真致美、立德树人、成就未来的教育理念。他提出并主张教育的根本价值和意义是"三个提升"和"两个促进"，即提升人的生存能力、提升人的生活品位、提升人的生命价值，促进社会进步、促进人类美好。

"考个好分数，上个好大学"。面对家长们虽然功利但又非常现实的需求，王校长跟老师和家长们强调：不唯高考、赢得高考，过程优化、品质制胜。他强调不要简单地追分比率，全面育人是根本、才长远，不是盯着分就能有分，盯着人才有分才有未来。记得有一个学生品学兼优，在高二的时候收到了中科大少年班的录取通知书，是孩子喜欢的专业，孩子愿意上这所大学，但是老师、家长还是有些犹豫，因为明年参加高考一定能够考上清北。王校长主张要尊重孩子的选择，因为孩子的兴趣和志趣已经高度统一，我们的学校和家庭不是为了清北的名额和名号，不是让孩子给我们贴金争门面，我们是要为孩子成长成才。最终，这个孩子去了中科大而且发展得非常好。

"决定孩子一生的不是成绩，而是健全的人格修养。"在王俊成校长的引领下，北京八中的老师们本真致美、立德树人，致力于培养身心健康、品行端正、拥有持续进取和终身学习能力、踏实作为成就的栋梁之才，而不是昙花一现的考分学生。就像2017年北京市高考理科第一名李宇轩同学在毕业留言中写道："八中给我的是一颗明确方向、不惧外界评判与人生坎坷的大心脏，多年的熏陶，让我养成了一份着眼于未来、心系社会的大思维。用八中赋予我们的品质，于国家引领向上向善的风气。也许这听起来太过远大，但一个国家需要仰望星空的人，八中正是在为学生们打开望向星空的穹幕。这是八中给予我品格成长的熏陶与激励。"

王俊成校长曾经说过："真正热爱教育、支持教育、投身教育的人必定要情怀至重、境界至高、风尚致美、功德致远。"而他就是这样的人！在他43年的教育生涯中，很多东西会随着时间而流逝，而永远不变的是他作为教育摆渡人的执着和守望，日复一日的奋楫笃行，成就学生的全面发展，成就教师的职业尊严，成就教育的致美高尚。

每一个镌刻着爱与善意的灵魂，都会成为我们生命中的摆渡人。人生就是一次次摆渡，每个人在自己的一生中会遇到像王俊成校长那样的摆渡人，同时，也会为无数个其他人摆渡，生生不息，这就是人间追求的永恒致美。

张晓梅

后 记

　　时维九月，共赴秋实。我们用近一年的时间来编辑北京八中学习践行"教育家精神"集，记录北京八中教育工作者对"教育家精神"的内涵诠释和实践行动，作为第四十个教师节的献礼。

　　欲栽大木柱长天。2023 年 9 月，北京八中党委第一时间组织全体教师学习领会教育家精神的核心要义，激励广大教师以教育家精神为航标，模范履行"为党育人、为国育才"的初心使命。教师是弘扬和践行教育家精神的主体，精神唯有得到主体的自觉弘扬才更具有生命力。在学习、实践"教育家精神"的主题活动中，八中的教育工作者们坚守初心、锤炼品格，以"致美"追求与"高尚"情怀，携赤子之心，伏案提笔，撰写学习感悟、记录成长故事、寻觅身边的"大先生"……

　　主持学校党委工作的张晓梅副书记召集精干团队，成立编委会，以高效务实的工作，在数百篇稿件中遴选出最具代表性的作品共 69 篇，一本关于北京八中教师群体践行"教育家精神"的文集应势而生，这些或生动鲜活或深沉凝练的文字，传递着新时代八中教师在践行教育家精神之路上的境界与情怀。

　　"三尺讲台连着的是人民的万家灯火、祖国的万里山河"，是对教育家精神中"心有大我、至诚报国"最诗意也是最忠诚的阐释；"我们做得怎么样，我们应该怎么做"，是教育家精神"言为士则、行为世范"在八中土壤的落地生根；"优秀在于境界，价值在于成就"，是教育家精神"启智润心、因材施教"在八中百年探索的价值追求；"八中的素质教育是朴素可行的"，是教育家精神"勤学笃行、求是创新"在八中最质朴也是最真实的写照；"学生在我心中，我在学生身边"，是教育家精神"乐教爱生、甘于奉献"在八中的现实表达；"做情怀至重、境界至高、风尚致美、功德致远的教育人"则书写了八中教育工作者铁肩担道，志做学生成长路上"弘道明灯"的坚定决心……我们心向教育家精神"胸怀天下、以文化人"的至高追求，将文集定名为"尚实致美"，撷自北京八中前身私立四存中学"尚实学、尚实习、尚实行"校训中的"尚实"二字，坚守颜李学派"常以天下为己任""学问皆归于致用"的"尚实"传统；又由新时代北京八中"本真致美、立德树人、成就未来"育人理念中择取"致美"二字，求索王俊成校长所提出的教育要"提升人的生存能力、提升人的生活品位、提升人的生命价值和促进社会发展、促进人类美好"的"致美"未来。

在本书的出版过程中，老教育家顾明远先生听闻北京八中开展学习践行"教育家精神"活动欣喜非常，提供了大量宝贵意见并倾心撰写序言；人民出版社的领导及有关同志花费了大量精力进行编辑校对。付梓之际，对所有参加此项工作的同仁、同志和朋友们致以由衷的敬意和深挚的谢意。

精神因传承而永恒，教育因至诚而奋进。携此文集，愿与新时代的诸位同仁共勉共进。愿生逢这伟大时代的教育工作者们，以教育家的视野和格局擘画教育高质量发展的蓝图，以教育家的智慧和执着投身教育强国建设的生动实践——浮舟沧海，立马昆仑！

本书编委会

2024 年 8 月